KB113498

씽커벨

THINKER

새로운 길을 알리기 위해 생각하는 존재 ——— **씽커벨**

BELL

작은 존재가 큰 변화를 일으키는 방법 ——— **브랜딩**

권오형
김인철
이수경

지콜론북

<추천사>

관계의 예술: 브랜딩의 새로운 시대　　6

<프롤로그>

알리기 위해 생각하는 존재　　14

이 책을 펼친 이들에게　　18

1장

삶을 예술적으로

사람　　넓고 깊은 관계　　22

인간만이 지니고 있는 맛　　24

동료　　빨리 가려면 혼자, 멀리 가려면 함께　　28

아이덴티티 컬렉터　　38

동료애의 이면　　41

문화　　열쇠는 대화　　44

만족하기 어려운 일　　48

서로 다른 명함　　51

표류기　　57

우리가 상상하는 풍경　　63

나　　직업병　　68

밥보다 내가 먼저　　70

타인의 영양권에서 벗어난 나　　75

2장

일을 예술적으로

순서　대화(Interview&Research) 단계　　　　　**83**

전략 수립(Strategy) 단계　　　　　　　**89**

브랜드 메시지(Verbal) 정립 단계　　　　**90**

브랜드 이미지(Visual) 정립 단계　　　　**90**

브랜드 경험(Brand Experience) 설계 단계　**92**

대상　누구에게 필요한가　　　　　　　　　**95**

불가능성으로 타오른 가능성 온라인 예술 축제 강의 협업 기획　**100**

9급 공무원의 꿈 교육부 중앙교육연수원 브랜딩 강연　**106**

인류 최초의 피부 탐사 스킨케어 브랜드, 오르빛　**114**

다시 태어난 것 같은 기분 에스테틱 브랜드, 디프네　**122**

눈높이에서 코높이로 반려동물 사료 브랜드, 코와코　**132**

아빠는 기둥, 엄마는 지붕 약차 브랜드, 깐깐한여니씨　**140**

서두르지 않는 사랑 느린 결혼식(Slow Wedding)　**150**

소박하고 사소한 행복 베이커리 브랜드, 소사베이커리　**158**

회복 탄력성 피자 브랜드, 빵굿피자　　　　**168**

비전　대의　　　　　　　　　　　　　　　**174**

미래　　　　　　　　　　　　　　　**181**

3장

우리가 발견한 지문　　**188**

관계의 예술: 브랜딩의 새로운 시대

신승연

GREEN SEED 대표, 문학예술 기획자

수년 전 정부 기관에서 정책 홍보를 기획했던 시절, 기존의 프레임에서 벗어나 새로운 시각을 가진 이들과 재미있게 일하고 싶은 마음으로 수소문 끝에 브랜티스트의 놀이터(사무실이라 칭하고 싶지 않은 일터)를 무턱대고 찾아간 것이 이상(異常)한 관계의 시작이었다. 다소 날카로운 클라이언트였던 나를 경계 없는 눈빛과 따스한 말투로 환대해주던 그때 그 모습이 지금도 여전히 생생한 장면으로 남아 있다.

브랜티스트와 몇 가지 프로젝트를 진행하면서 '맑고 선한 예술가 집단이 폭넓은 전문 지식과 프로 정신마저 가졌다면 너무도 완벽한 것 아닌가.' 하는 생각이 순간순간 찾아왔다. 게다가 이해(利害)관계를 이해(理解)관계로 만드는 다정한 사람들, 이토록 무해하고 진실한 이들이기에 숱한 브랜딩 업체가 요란하게 등장했다가 연기처럼 사라지는 시대에도 길고 긴 인연의 실타래를 함께 풀어가고 있는 게 아닌가 하는 생각에 이르렀으니. 이들과 이상(理想)한 관계로 이어질 수밖에.

실패하지 않는 브랜드는 관계 맺기, 연결되기, 얽힌 관계의 매듭을 유연하게 잘 풀어가는 것에서 시작됨을, 성공하는 브랜드의 지속성은 진심이 기본이라는 걸, 그들은 얄미울 정도로 매우 잘 알고 있다. 그렇게 진실한 관계로부터 맺어진 더 가치 있는 결실, 그 단단한 알맹이들을 하나씩 하나씩 몸소 보여주며, 역시나 성실한 그들답게 다시금 차곡차곡 쌓아가고 있다.

예술가와 사업가의 조화로움을 겸비한 리더를 비롯하여 흡사 가족이라 해도 믿을 만한 다부진 멤버들과 함께 꿈꾸는 세상을 나 또한 설레는 마음으로 기다린다. 내게는 참으로 이상하고 이상적인 '브랜티스트'이기에.

프롤로그

알리기 위해 생각하는 존재

음식점을 운영하는 사장님이 장인 정신으로 완벽한 상을 차리는 걸 알게 되는 순간, 우리는 기다릴 수 있다. 심지어 줄을 서기도 한다. 그 사람의 입장을 머리로 이해하고, 마음으로 공감하기 때문이다. 나의 입장(Stance)이 상대에게 확실히 전달되기 위해, 필요한 모든 노력이 바로 브랜딩이다. 그리고 이 과정은 끝없이 계속된다.

단순히 멋진 말 한마디나 로고 하나로 브랜딩을 잘했다고 할 수 없다. 오히려 멋진 말 한마디나 로고 하나 없지만, 매일 아침 거리에 나와 반갑게 인사하는 카페 사장님이 브랜딩을 잘했다고 할 수 있다. 무언가를 알면 전보다 가까워지는 느낌을 느낀다. 그래서 누구든지, 개인이든 기업이든 정부든, 브랜딩을 한다.

서로의 입장을 이해하는 게 전보다 더 힘들어졌기 때문이라 생각한다. 경쟁하기 때문이다. 누군가는 이기고, 누군가는 진다. 지는 사람은 다시 지지 않기 위해 긴장한다. 긴장된 상황에서는 누구의 입장도 이해하기 힘들다. 그래서 믿지 않는다. 믿음은 돈으로 살 수 없다. 하지만 진정성 있는 입장은 믿음을 살 수 있다. 브랜딩은 진정성 있는 입장을 만든다. 서로가 믿음을 주고받을 수 있는 세상에 공감하는 사람이라면, '브랜딩'에 대해 알고 있으면 좋을 것 같다.

창업을 시작한 사람, 혼자서 프리랜서로 일하는 사람, 회사에 취직해 새로운 환경에 적응하는 사람 모두, 어떤 일이든 각자의 의미가 있다. 그 의미를 아직 발견하지 못했을 수도 있지만, 자신이 추구하는 일에 의미를 두고 있기에 쉽게 포기하지 않는다고 생각한다. 그래서 우리는 일의 의미를 찾고, 더 많은 사람에게 알리기 위해 노력한다.

그저 잘 팔리기만을 목적으로 한다면 깊은 고민은 하지 않을 것이다. 작고 미미한 시작일지라도, 자기 일이 가진 의미를 사람들에게 알리기 위해 생각하는 이들을 우리는 '씽커벨'이라고 부른다. 동화 속 팅커벨처럼 작지만, 그 존재감과 영향력은 그 크기를 훨씬 뛰어넘을 수 있다.

씽커벨은 개인의 삶에서 시작해 변화를 만든다. 초등학생 장래 희망 1순위로 유튜버가 언급된 적이 있다. 내가 주목한 점은 그들이 자신만의 이야기를 한다는 것이다. 그들의 이야기를 응원하는 사람들이 조금씩 모이면 연예인 못지않은 인플루언서가 된다.

여기서 자기 일이 가진 의미를 사람들에게 알리기 위해 생각하는 사람들이 있다. 공무원에 대한 고정관념을 바꾼 '충주맨'과 조직 문화의 패러다임을 바꾼 브랜드 '모베러웍스(MO BETTER WORKS)'가 대표적인 씽커벨이다. 이처럼 이미 우리는 개인이나 스몰 브랜드도 브랜딩을 통해 큰 변화를 일으키는 세상에서 살고 있다. 이를 트렌드라 여기고 조급해할 필요는 없다. 오랫동안 변함없이 기억에 자리 잡은 팅커벨의 의미처럼 '새로운 길을 알리기 위해(Bell) 생각하는 존재(Thinker)'는 지금까지도 여전히 존재해 왔다. 다만, 스스로 변화하는 삶의 방식을 아직 터득하지 못했을 뿐이다.

브랜티스트는 작은 존재가 큰 변화를 일으키는 브랜딩의 기적을 경험했다. 우리의 작은 이야기가 모두에게 아름다운 기적을 일으키길 바란다.

이 책을 펼친 이들에게

브랜티스트는 '브랜딩'과 '아티스트'를 결합한 말로, 브랜딩 에이전시로 활동하고 있다. 브랜드 전략 수립 단계에서 기존의 틀을 깨는 혁신적이고 비전통적인 접근을 통해 고객사가 시장에서 선도적인 위치를 확보하는 것을 목표로 하고 있다.

브랜티스트는 '아티스트 네임'을 사용한다. 서로를 동등한 관계로 존중하며 함께 협력하고 있는 파트너 오, 조이, 얄을 소개한다.

오
(권오형)

감탄사, 오! 세상의 모든 이야기에서 '와우포인트'를 발견하고 직관적인 해결책을 내는 사람이다. 회사를 운영하고 전략을 세우는 역할을 한다.

얄
(김인철)

개인(YAll)이고 우리(You-all)이다. 다른 삶 속에도 닮은 마음을 발견하고 공감하는 사람이다. 크리에이티브 디렉터 역할을 맡고 있다.

조이
(이수경)

오감을 만족시키는 경험을 중요하게 생각하며, 일상의 감각을 소중히 가꾸고 즐기는 사람이다. 브랜드 디자이너 역할을 맡고 있다.

브랜딩 회사를 운영한 지 10년이 되어간다. 경제적, 국가적, 학연, 지연, 심지어 가족의 도움도 없이 순수하게 시골에서 시작했다. 일을 사랑하는 동료들과 함께 서울로 사업을 확장했다.

잘되고 있는 사업은 더 잘되도록, 부진한 사업은 다시 일어설 수 있도록 사업 전략을 세우고, 그 전략을 실현시킬 이미지와 메시지를 개발하는 것이 우리의 일이다. 사업을 통해 나는 선택의 자유를 얻었다. 주체적인 삶을 살고 싶어 하는 나를 위한 선택이다.

나는 더 큰 뜻을 품고 있다. 공동체에 영감이 되는 존재가 되는 것이다. 꿈이 클수록 현실로 만들기 위한 과정은 더 험난하다. 매일이 도전이고 이벤트다. 그 경험과 경험을 통해 변화된 생각들을 기록했다. 혼자만의 경험이 아니라 파트너인 조이와 얄과 함께한 경험이다. 의미 있는 것은, 우리가 같은 경험을 하면서도 서로 다른 생각을 한다는 것이다. 그래서 이 책은 같은 주제에, 서로 다른 생각을 담은 비망록*이다.

잊지 않으려고 중요한 골자를 적어 둔 것.

이 책을 통해 일과 삶에 대한 기준을 고민하는 이들에게 스스로의 길을 찾아 나서는 용기를 얻었으면 한다. 트렌드가 아니라 고유한 가치를 좇고 싶을 때, 비슷한 결을 가진 이들과 넓고 깊은 관계를 만들고 싶을 때, 나다운 모습으로 사람들과 관계 맺고 싶을 때, 본인이 하는 일에 확신을 갖고 싶을 때, 좋은 동료를 찾고 싶을 때, 생각나는 책이면 좋겠다.

나는 그런 책을 쓰는 작가가 되고 싶다. 그런 브랜드를 만드는 사람이 되기 위해 시작했다. 이 과정에서 나 역시 그런 사람이 될 것이라는 믿음과 함께. 이것이 내가 일을 시작한 동기이자, 이 책의 시작점이다.

1장

삶을 예술적으로

사람

넓고 깊은 관계

최근 브랜딩이 주목받고 있다. 처음 사업을 시작했을 때는 생소하게 여겼던 브랜딩이 이제는 주목받고 있다. 이런 변화의 시작은 이윤을 극대화하기 위해 브랜딩을 활용하는 기업들 덕분이다. 기업은 기존의 마케팅, 광고, 홍보, 세일즈와 같은 방법들이 익숙해진 시점에 등장한 새로운 무기에 주목하게 되었다. 이와 함께 다양한 플랫폼들의 출현으로 조직의 구속에서 벗어난 개인도 주목받는 시대가 되었다.

자본력이 있고, 다양한 능력을 지닌, 주도적인 사람들이 무조건적인 사회적 성공을 위해 새로운 무기를 적극 활용하고 있다. 그런 경쟁 속에서 주눅 들거나, 너무 신중한 나머지 아직 시도조차 하지 못한 수줍고, 섬세하고, 예술적이며, 속이 깊은 사람들도 브랜딩의 힘을 이용하면 좋겠다. 결국 남는 건 돈이 아니라, 인간관계라고 생각하는 사람들이 브랜딩의 진정한 가치를 이해하고 느껴주기를 바란다. 브랜딩은 단순한 성공을 위한 도구가 아니라, 넓고 깊은 관계 구축을 위한 도구이다.

한마디로, 브랜딩은 위(맹목적 성공)가 아니라 아래(관계)로 향한다. 아래로 넓고 깊어지는 일이다. 관계가 넓다고 해서 그 깊이가 얕아지는 것이 아니며, 반대로 깊다고 해서 그 범위가 좁아지는 것이 아니다. 넓고 깊은 관계를 추구하는 사람들에게 참고할 만한 지표를 제시하고 싶다.

얄　독특하고 외향적인 사람들만이 성공에 유리하다는 인식이 오래전에 널리 퍼져 있었지만, 현재 많은 이들이 공감하고 추구하는 것은 평범함이 매력이 되는 사회다. 우리는 특별해 보이는 사람들의 평범한 모습을 궁금해하고, 평범한 이야기에서 진정성을 느끼고 오히려 그들의 특별함을 발견한다.

　　바로 이 지점에서 브랜딩이 중요한 역할을 한다. 브랜딩은 평범한 사람들의 가치를 세간에 드러내고, 그들이 가진 특별한 매력을 강조한다. 진정한 매력은 평범함과 특별함이 공존하는 순간에 빛을 발한다. 우리는 자기 삶에 집중하고 자신만의 이야기를 만들어 갈 때 가장 매력적이다. 이렇게 브랜딩은 단순히 위와 아래를 구분하는 것이 아니라, 모든 사람의 가치를 동등하게 조명할 수 있는 기술이다.

조이　브랜드 디자이너가 직업인 나에게 브랜딩의 좋은 점을 물으면, 브랜딩은 나를 더 나다운 존재로 만들어 주며, 더 나은 자아를 발견하게 해 자신감을 키우고 진정한 관계를 맺는 데 도움이 된다고 말할 것이다. 한마디로, 내가 세상에 관심을 가질 수 있게 해 준 도구다. 덕분에 나는 나를 더 사랑할 수 있게 되었고, 그 사랑을 주변과 나눌 수 있게 되었다. 그래서인지 전보다 나를 어렵게 대하거나 존중하지 않는 사람들이 줄고, 진실된 모습으로 다양한 사람들과 연결될 수 있었다. 그리고 서로에게 영감을 주고받는 소중한 관계들이 곁에 많아졌다. 이런 경험들이 모여 내가 원했던 삶을 살아가고 있다는 자부심을 느낀다. 브랜딩이 나에게 선물한 변화를 차곡차곡 모아, 아직 경험하지 못한 사람들에게도 나누고 싶다.

인간만이 지니고 있는 맛

감사하게도 주변에서 긍정적인 눈길로 우리를 바라봐 주는 사람들이 많다. 그중 일부는 나를 '어린 왕자'처럼 현실에선 일어나지 않을 법한 꿈을 꾸는 사람으로 바라본다. 그 꿈은 거짓 없이 진심 어린 관계를 추구하는 것이다. 친한 친구나 가족과의 관계에서라면 이를 쉽게 이해할 수 있겠지만, 사회에서 업무를 통해 알게 된 낯선 사람과의 관계에서는 이야기가 다르다. 사람들은 공과 사를 구별하라고 하며, 적당한 거리를 유지하라고 권한다. 그리고 모든 것을 드러내지 말라고 하며, 형식은 곧 예절 그 자체이므로 지켜야 한다고 말한다.

하지만 나는 이러한 생각이 진정한 관계를 추구하는 방법이 아니라는 것을 깨달았다. 그 이유는 이런 방식으로 관계를 맺는 사람들이 일상에서 진정한 관계의 즐거움을 거의 느끼지 못하는 것을 여러 번 목격했기 때문이다. 그들도 분명 어딘가에 따뜻한 인간성을 가지고 있을 텐데, 전혀 빈틈이 없다.

인간미라는 단어를 한자로 직역하면, '인간만이 지니고 있는 맛'을 의미한다. 각자가 가진 독특한 경험, 표현, 유머, 태도 등은 인간의 본질을 구성한다. 우리는 관계를 맺을 때 비로소 인간의 본질을 맛본다. 친구와 가족뿐만 아니라, 일상에서 만나는 수많은 사람과도 이런 맛을 나누고 살면 좋지 않을까. 카페에서 모자를 푹 눌러쓴 채로 눈길도 주지 않고 주문받는 무뚝뚝한 직원보다는, 서로의 일상을 공감하는 직원에게 더 큰 인간미를 느낀다. 브랜드도 이와 마찬가지다. 사람들이 진실한 관계를 원하듯이, 브랜드도 진실할 때 가장 큰 가치를 발휘한다. 모든 브랜드는 결국 인간을 위해, 또는 인간 중심으로 탄생하고 평가된다.

최근에는 AI 기술 관련 회사들이 빠르게 성장하면서 인간의 문제의 해결책을 제공하고 있다. 데이팅, 운동, 보안, 예술, 문학 등 많은 분야에서 활용되고 있다. 하지만 모든 기업이 브랜드로서 성공한다는 보장은 없다. 겉으론 모두가 인간을 위한 기술이라고 주장할지라도, 그 기술이 정말 인간을 위한 것인지에 대한 깊은 고민 없이 제품이나 서비스를 개발한다면, 성공하기 어렵다는 것을 알게 될 것이다.

따라서 모든 기업은 브랜드의 본질 이전에 '인간다움'을 정의하고 이해할 필요가 있다. 주어진 상황이나 맥락, 환경, 문화에 따라 인간다움의 정의는 달라질 수 있을 것이다. 인간을 더 인간다워지게 하는 것에서부터 시작해 보자.

얄 브랜드 또한 사람이 하는 일이고, 사람을 위해 만들어진 존재이다. 돈을 벌어주고 자아실현을 도와주는 역할을 하지만, 돈을 버는 것과 자아실현의 목적 외에도 나와 관계 맺는 사람들과 더 나은 삶을 살기 위한 목적이 있음을 잊어서는 안 된다. 고지식한 이야기가 아니다. 이미 물질적으로 풍족한 세상에 살고 있으며, 우리가 매일 겪는 고통의 원인은 사람 간의 관계이다. 기술이 발전함에 따라 인간다운 삶에 대한 필요성은 계속해서 커질 것이다.

조이 내가 멋진 어른으로 생각하는 사람이 있다. 우리 회사와 가까운 곳에서 브랜딩 에이전시를 운영하시는 장순 님이다. 겉모습만 보면 차가운 일잘러라고 생각할 수 있는데, 대화를 나눠보면 엄청 인간다운 사람이라는 게 느껴진다. 장순 님이 쓰신 글 중에 공감이 컸던 글을 소개하고 싶다. "상처 안에 축복이 있으리라. 타인을 경험하지 않고 진짜 인생을 만나기 어렵다."
일하며 만난 여러 관계와 이런 경험을 했던 것 같다. 과거엔 오와 자주 부딪혔는데, 그 이유를 나에게 찾아보면, 내가 생각하는 오의 모습을 만들어 놓고, 그렇지 않으면 크게 실망하고 화가 났기 때문인 것 같다. 다시 생각해 보니, 내가 상상하고 기대하는 모습을 설정하고 관계하는 것이 AI와의 관계와 다를 바 없다는 생각이 들었다. 가식적인 관계 말고, 쓴맛이라도 스스로 단맛으로 바꿔야겠다고 마음을 먹었다. 그 쓴맛이 결국 나에게 어떠한 양분이 되어 더 인간다운 존재가 되게 하지 않을까.

동료

빨리 가려면 혼자, 멀리 가려면 함께

'나는 누구랑 같이 일하고 싶을까?' 사업을 시작할 때 가장 먼저 한 고민이다. 사업은 운이라는 말이 있다. 그 운은 아마 사람 운 인 것 같다. 사업이 어느 정도 자리 잡으면 좋은 차를 선택하는 사람들이 있다. 나는 함께하는 경험을 선택해 왔다. 브랜드를 만드는 일은 다양한 전문가들의 협력이 필수적이다. 카피라이팅, 디자인, 영상 등 구체적인 작업물의 종류가 다양한 이유도 있지만, 무엇보다 브랜드를 접하는 다양한 사람들의 경험을 설계하는 일이기 때문이다.

소수의 경험과 직감만으로 많은 사람의 반응과 기대를 충족시키는 것은 쉽지 않다. 그래서 동료가 필요하다. 나와 같이 꿈꾸는 사람들이 필요하다. "빨리 가려면 혼자 가고, 멀리 가려면 함께 가라."는 말이 있듯, 마음이 맞는 동료와 함께라면 더 멀리, 더 빨리 갈 수 있다. 혼자서도 좋겠지만, 책이나 영화도 같이 읽고 같이 볼 때, 더 깊은 통찰과 즐거움을 느낀다고 한다. 만약 이 세상에 홀로 존재한다면, 책과 영화의 가치는 여전히 중요할까? 비슷하게 브랜드도 여러 사람과 함께할 때 비로소 진정한 가치를 발휘한다. 그렇게 드래곤볼의 구슬을 찾듯, 함께할 동료를 찾기 시작했다.

첫 번째 동료는 조이다. 조이는 늘 기분 좋은 상태를 잃지 않고, 매일 주어진 문제를 하나씩 풀어 나갔다. 내가 상상하는 꿈을 얘기하면 조이는 곧잘 공감해 주었다. 그제야 동료의 의미를 알게 되있다. 지금도 그렇지만, 그 시절을 들이겨 보면, 조이는 참 용감한 사람이다. 두 번째 동료는 다재다능하고 자유분방한 얄이다. 얄과 같은 유형의 사람은 한 가지 일, 한 공간에서만 일하는 걸 잘 못 견딘다. 그래서 프로젝트의 문제를 해결하지 못했을 땐 실망이 큰 나머지, 본인의 선택과 선택하지 않은 다른 선택지를 저울질하며 불안에 휩싸이는 모습을 가까이서 지켜보았다. 지금은 자신의 선택을 존중하고, 그것이 옳은 선택이 될 수 있도록 매일 최선을 다하고 있다.

그렇게 함께하는 즐거움을 아는 조이를 만나 사업의 의지가 강해졌고, 예술의 힘을 아는 얄을 만나 우리 사업의 방향성이 구체화 되었다. 중국으로 사업을 확장하게 된 데에는 세계적인 트렌드에 발 빠른 아티스트 램램이 동료로 함께 하면서였다. 이만큼 한 사람의 영향력은 생각보다 크다. 그래서 그런 사람을 만나면 몸이 먼저 반응한다. '이 사람이다.'라고.

사람을 만날 때 직관적으로 느끼는 나만의 기준이 있다.

중요하게 생각하는 기준은 인생을 선명하게 살고 싶은 사람인가 하는 것이다. 그런 사람은 눈빛에서 드러난다. 눈빛뿐만 아니라 얼굴 근육까지 생기 있게 반짝이며 무언가를 말하고 싶은 열정이 느껴진다. 반면 초점이 흐리고, 얼굴 근육 하나 움직이지 않고 말하는 사람들도 있다. 이런 사람들은 질문을 던지기도 전에 뭔가 희미하고 불분명한 인상을 준다. 그리고 질문해 보면 대답의 깊이가 그렇게 깊지 않은 걸 알 수 있다. 깊이는 한 경험에 푹 빠져본 다음, 나만의 기준이 세워졌을 때 만들어진다. 그래서 나에게는 특별한 단골 멘트나 질문이 없다. 그냥 눈빛을 마음껏 느끼면서 궁금증이 이어지고, 질문이 자연스럽게 흘러나오는 편이다.

그다음으로는 진지함을 아는 사람이다. 자신의 인생과 시간, 그리고 맡은 역할을 진지하게 대하는 사람들은 다른 사람의 시간, 역할, 문제도 진지하게 받아들이기 마련이다. 다시 말해 타인의 무게를 같이 짊어지는 것이 어떤 것인지 아는 사람들이다. 그런 태도가 있어야 문제를 해결하고 싶은 의지가 생기고, 돕고 싶은 마음도 생길 것이다. 우리는 문제를 해결해 주고, 도움이 필요한 사람에게 도움을 줌으로써 수입을 얻고, 일에서 보람을 느낀다.

마지막으로 소크라테스적인 지혜를 가진 사람이다. 소크라테스가 강조했던 '산파술'이란 개념이 있다. 산파가 출산을 도와주듯, 질문을 통해서 사람들이 이미 가지고 있는 진리를 스스로 깨닫게 하는 방법론이다. 브랜티스트의 업(業)에 대한 철학도 같다. 새로운 개념을 강요하거나 억지로 의미 부여하기보다 이미 가지고 있는 고유한 아름다움과 정체성을 잘 끌어내는 지혜로운 사람과 같이 일하고 싶다.

처음 회사를 꾸렸을 때는 학력과 경력이 높고, 똑똑한 '엘리트 팀'을 꾸리는 꿈을 꾸었다. 지금은 생각이 변했다. 나를 포함한 현재 동료들 모두 이미 충분한 지혜를 갖고 일을 해나가고 있다. 그리고 그저 서로의 지혜를 잘 살어낼 수 있나면 지금보다 더 멋진 동료가 될 거라는 믿음도 있다.

이렇게 모인 동료들과 90% 이상의 업무를 내부 자원(In-house Work) 해결하고 있다. 조사, 전략, 메시지, 이미지, 운영, 마케팅, 커뮤니케이션, 서류 작업까지 이를 세분화하면 끝도 없다. 열 명이 채 되지 않는 인원으로 이 모든 것을 소화하는 건 거의 불가능에 가깝다. 하지만 모두가 올라운더(All-rounder)*라면 이야기는
<small>다재다능한 사람으로, 여러 역할을 맡을 수 있는 사람을 말한다.</small>
달라진다. 각자가 최소한 한 분야는 확실히 책임질 수 있고, 나머지 분야에서도 전문성을 높이는 데 크게 기여할 수 있는 사람들이다. 이런 사람을 찾는 일은 쉽지 않다. 그런데도 고수하는 이유는 **사업의 미션을 해결하기 위해선 큰 그림을 보고, 작은 그림을 채워가는 방식이 효과적이기 때문이다.**

한 가지 작업에만 몰두하다 보면, 전체를 보는 시야가 좁아져 어느 순간 그림을 그리는 목적을 잃어버리기 십상이다. 똑같은 로고를 디자인하더라도, 프로젝트의 미션을 이해하는 올라

운더와 그렇지 않은 사람은 차이가 크다. 결국 큰 그림은 프로젝트의 미션, 또는 브랜드의 미션이다. 로고만 정신없이 만들다 보면, 미션과 무관하게 멋진 로고인지만 고려하는 상황이 쉽게 찾아온다. 이렇게 되면 시안을 많이 만들어야 하고, 수정 횟수도 끝없이 늘어난다.

브랜딩은 일관성의 아름다움, 즉, 각 요소가 하나로 어우러지는 조화로움을 빼놓고 설명할 수 없다. 아름다운 그림은 모든 업무를 직접 수행할 수 있는 역량으로 완성된다.

얄   사실 회사에 소속되고 싶지 않았다. 미대를 졸업할 때쯤
       나만의 세계관으로 이 세상을 물들여 가는 낭만에 흠뻑 젖
       은 열정을 품고 있었다. 그러던 중 친구의 소개로 브랜티
       스트 창업 초기 채용 공고를 봤다. 아직도 기억에 남는 일
       부 내용이다.

       — 소크라테스적인 지혜가 녹아 있는 분
       — 아이디어뱅크나 스토리텔러와 같이 창의적으로 커뮤니케이
          션 할 수 있는 분
       — 현상보다 실체의 본질을 잘 파악하고, 깊은 연관성과 일관성
          을 유지할 수 있는 분

       이 이상적이고 추상적인 비전을 신뢰하는 회사가 있다는
       사실에 감동하며, 나와 같은 사람을 필요로 하는 회사와

일이 있다는 걸 알게 되었다. 그래서 사무실을 찾아가서 오와 밀도 있는 대화를 나누었고, 그 대화만으로 서로의 의지를 확인했던 우리는 함께 일을 시작했다. 그 후로 8년이 지났다. 우리는 단순한 직장 동료 이상으로 서로의 내면을 알게 되었으며, 이로 인해 관계가 더 깊어졌다. 이전에 나는 자본, 관계, 정치와 같은 프레임 밖에서 살기를 원했지만, 지금은 생각이 변했다. 한 명의 관계조차도 그 깊이에서 오는 깨달음이 느닶은 세계를 받아들이는 용기의 밑바닥이 될 수 있다는 것을 깨달았다. 비로소 이 세상을 자유롭게 헤엄치는 법을 터득해가고 있다.

조이 처음 시작은 '디자인수(조이의 브랜드 이름)' 그리고 '포토오(오의 브랜드 이름)'의 만남이었다. 게임과 포토샵을 좋아했던 중학생 시절 나는 '디자인수'라는 이름으로 게임 커뮤니티의 로고를 만들어 용돈벌이를 했다. 그 후 자연스럽게 미대에 입학했고, 지인의 부탁으로 대학 선거 홍보물을 디자인하게 되었다. 이 일은 이전에 해왔던 일과는 조금 달랐다. 혼자가 아닌 함께 하는 일이었다. 그래서인지 일하는 방식도 낯설었다.

작업 전, 프로젝트 방향성 회의가 필요하다며 미팅을 요청했다. 약속 시간에 맞춰 대학교 내에 위치한 동아리방에 도착했다. 방에 들어서자마자 여러 사람이 테이블에 앉아 있었고, 그 가운데 오가 있었다. 그때 처음으로 오와 프로젝트를 함께 하게 되었고, '가끔 디자인적인 도움을 줄 수 있느냐'라는 그의 질문에 나는 큰 고민 없이 그러 겠다고 답했다. 그렇게 오와 브랜티스트의 첫걸음을 시작 하게 되었다.

은근슬쩍 자신의 큰 그림으로 나를 끌어들인 오의 선택 이 지금은 참 고맙게 느껴진다. 그때 동아리방에서의 미 팅이 없었다면, 나는 지금쯤 어딘가에서 큰 변화 없이 살 고 있지 않았을까? 오를 만나 주체적인 삶을 선택할 수 있 었고, 변화가 많고 험난한 삶을 기꺼이 즐길 수 있게 되었 다. 우리가 함께 만들어 가는 브랜티스트를 통해 자유를 꿈꾸는 멋진 동료들도 만났다. 덕분에 내가 그리던 그림 이 더욱 선명해지고, 보지 못했던 색깔들이 채워지고 있 다. 때로는 타협점을 찾아 뜨겁게 대화하고, 우리 모두 만 족할 수 있는 결과물을 위해 끊임없이 고민한다. 또 매일 제철 식재료로 직접 만든 점심을 함께 즐기는, 말 그대로 나의 식구들이다.

나의 숨겨진 가능성을 본 오처럼, 나도 앞으로 다른 누군 가의 가능성을 보며 동료들을 만나고 싶다. 혼자 보다 함 께할 때가 더 나은 삶을 만들어준다는 믿음이 있기 때문 이다.

우리의 '일하는 방식'

'태도'가 작품이 되고, 사업이 된다

브랜딩에 대한 자기 기준(철학)을 가지려 합니다. 기준은 다름을
이해하고 논리적인 과정을 만듭니다.

시각적인 아름다움뿐만 아니라 브랜드 경험(BX*:Brand Experience)을
고려한 기획과 디자인 표현법을 연구합니다. *소비자가 제품을 구매하고 소비하는 과정에서 겪는 느낌이나 경험.

브랜딩의 90%는 대화를 통해 이루어진다고 믿습니다.

개인의 개성(Identity)을 가장 중요하게 생각합니다.
그래서 따뜻합니다.

브랜딩은 공공에 기여하고 공동체의 힘을 기를 수 있다고 믿습니다.

섬세하면서도 직관적인 피드백, 커뮤니케이션에 욕심을 내며 발전해
갑니다.

기획과 디자인에 대한 의도를 잘 파악하거나 끌어내는 과정을 즐깁니다.

사업의 전략을 세우고, 구체화하는 일이 브랜딩입니다. 다양한 사업에
대한 이해는 필수적입니다.

브랜딩은 추상적이고 디자인은 주관적일 수 있기에 내부의 인사이트에만
의존하지 않고, 필드의 전문가를 만나 자문을 구합니다.

개인이 가진 욕구와 책임에 대해 솔직하게 이야기하는 편입니다.
개인 욕구에서부터 공동의 방향성을 고려하고 움직입니다.
공동체에 대한 만족도는 높이고 개인의 부담을 줄이는 환경을 만들기
위함입니다.

깊은 아이덴티티를 발견하는 열쇠는 '관심'입니다. 관심의 대상은
개인부터 사회, 국가, 세계, 지구, 우주에 이르기까지 광범위합니다.

아이덴티티 컬렉터

미팅 때마다 가장 많이 받는 질문이 있다. 동료애가 남다른데, 대체 어떻게 만나게 된 거냐고. 나는 '만나진다'고 답한다. 누군가와 함께 일하기로 결심할 때는 내가 할 수 있는 일인지, 또는 업의 형태와 성격을 고려하는 것이 중요하다. 하지만 때로는 그 지점을 훌쩍 넘어 그것이 더 이상 문제가 아닌 경우가 간혹 있다.

바로 사람의 태도 자체가 특별한 가치와 경쟁력을 지닐 때다. 일하는 목적이 구체적이고 실질적인 이의 비전을 들어보면 그가 어떤 사람인지 느껴진다. 정확히는 태도가 느껴진다. 태도가 특별할수록 시장에서 경쟁할 수 있는 가치가 있다. 그러한 목적과 태도를 중요하게 생각하는 얄은 어떤 일도 상관없으니 나와 함께 일해보고 싶다는 강한 의지를 보였다.

조이와 얄을 포함한 다른 많은 동료도 그렇게 만나졌다. 지금의 동료들 이전에 많은 동료를 맞이하고, 떠나보냈다. 미운 정, 고운 정 다 들었던 터라 이 과정은 참 익숙해지기 어렵다. 스치듯 지나간 동료부터 중요한 시기에 넉넉한 보상 없이 패기로 함께 했던 동료까지 대부분 귀하게 간직하고 있다. 무엇보다도 각자를 빛나게 했던 아이덴티티들은 잊지 않고 내 마음 한구석에 자리 잡은 '아이덴티티 상자'에 보관해 두고 있다. 일종의 아이덴티티 수집이라고 볼 수 있겠다. 어려운 상황에 맞닥뜨릴 때마다 상자에서 동료의 아이덴티티를 슬그머니 꺼낸다. 그렇게 과거의 동료들은 아직도 나의 부족한 점을 채워 주는 역할을 한다. 그리고 서로 닮아간다.

얕 　아름답고 동시에 불편한 말, '물들이다.' 10대에 '물들이다'
는 부모님이 나의 인간관계를 부정적으로 바라볼 때를 의미했다. 20대에 '물들이다'는 나와 관계 맺는 사람들의 고유한 영향력을 받아들이는 의미로 사용했다. 이처럼 누군가의 아이덴디디에 물드는 것은 꼭 좋고 나쁨이 넝확하지 않으며, 원하든 원치 않든 관계는 서로를 물들게 만든다. 30대가 된 지금, 회사에서 맺은 인간관계는 그 어느 때보다 어렵게 느껴진다. 친구보다 더 자주 보는 동료들과의 관계 속에서, 그들에게 물들어 가는 나를 어떻게 바라봐야 할까?

지금의 나에게 '물들이다'는 나의 아이덴티티의 한 부분이 메말라 있다는 것으로 이해한다. 그러니 마치 스펀지처럼 무엇이든 쉽게 받아들여진 것이다. 물기 가득한 부분은 누가 바꾸라 해도 안 바뀐다. 한마디로, 깊이 뿌리박힌 특성은 쉽게 변하지 않는다는 의미다. 그래서 누군가에게 물들여진 나를 볼 때 상대가 아닌 나 자신을 먼저 바라본다. 내 안의 메마른 부분을 돌보는 것이다. 그리고 다른 사람에게 이입해 본다. 그럼 관계를 맺는 데 있어서 큰 용기가 생긴다. 고통이 아닌 치유로써 상대의 빈 곳을 채워 줄 수 있다는 희망이 생기기 때문이다.

나는 가까운 누군가에게 영향을 받았다고 느낄 때, 그것이 나에게 어떤 의미인지, 그리고 나의 어떤 부분을 채우고 있는지 생각해 본다. 나의 내면을 돌보면서 다른 사람을 공감할 수 있는 내면의 힘과 희망에 관한 이야기이다.

조이   우리가 함께 걸어온 지난 10년 중 1년은 마치 전쟁터 같았다. 다른 동료와는 거의 다투지 않았는데, 유독 오와는 왜 그렇게 다퉜을까. 그때 깨달았다, 오는 내가 생각한 것 이상으로 나를 진심으로 대했다. 그래서 그 마음이 내 마음과 다르다는 걸 알게 되면, 오는 크게 속상해했다.

당시에 나는 그 마음을 이해하지 못해서 그만두자고 수없이 말했다. 그때마다 오는 다양한 방법으로 화해의 손길을 내밀었다. 아직도 선명하게 기억난다. '사업을 시작한 지 1,111일째' 되는 날이었다. 그날 받은 화해의 영상 편지는 지금도 내 컴퓨터에 소중히 보관되어 있다. '이렇게까지?' 싶을 정도로 오는 관계에 많은 정성을 쏟는다. 그런 오와의 관계를 통해 쓴 글이 있다.

"내게 관계는 화분에 씨앗을 심고 가꾸는 일과 같다. 씨앗을 건강한 흙에 심고, 충분한 햇빛과 물, 사랑을 주면, 어린 새싹이 움트기 시작한다. 자라는 과정에서 벌레의 습격이나 넉넉하지 못한 영양분으로 시들 수도 있지만, 이것 또한 성장의 일부다. 시들 때마다 충분한 영양을 공급하면, 줄기는 다시 튼튼해지고 성장한다. 그렇게 내 화분은 건강하게 자라나, 때가 되면 꽃을 피우고 열매를 맺는다. 꽃이 지고 잎이 떨어질 때의 아쉬움이 있지만, 또다시 새싹이 돋아나고, 더욱더 싱그러워진다. 내 화분은 점점 더 커진다. 오랜 친구는 가장 아름다운 순간에 말려두기도 한다. 그렇게 오래오래 보고싶다."

지금은 오의 아이덴티티를 내가 수집해서, 나도 다른 사람과의 관계할 때 진심을 다하게 되었다. 이제야 오의 마음을 헤아리게 되었고, 그 덕분에 서로를 너 깊이 이해하고 배려하며 관계를 맺고 있다.

동료애의 이면

표면적으로 근사해 보이는 동료애의 이면에는 적극적으로 드러내지 않았던 사실이 있다. 수많은 다툼과 화해, 설득과 이해, 무관심과 공감, 대립과 조율의 순간들이 있었다. 누구든 다른 사람과 잘 지내는 일은 쉽지 않을 것이다. 좋을 때는 뭘 하든 좋을 수 있다. 좋지 않을 때가 중요하다.

고객과의 계약이 성사되지 않을까 봐 불안하고, 준비하는 과정에서 도출되는 결과가 고객사의 신임을 얻지 못할까 봐 불안하고, 일에 몰두한 나머지 각자의 삶을 돌보지 못해 육체와 정신의 건강이 좋지 않을 때, 서로의 다른 생각을 존중하는 일이 평소엔 문제가 아니지만, 문제가 된다. 모순되게도 풍성한 브랜드 맥락과 적합한 브랜드 전략을 수립하기 위해선 서로의 관점이 달라야 한다. 경험하지 못했던 새로운 브랜드 세계관을 만들기 위해선 참신한 아이디어가 필요한데, 대개 아이디어는 생각의 차이에서 도출된다. 독일의 철학자 헤겔(Hegel)의 변증법을 도식화한 정반합에서 이야기하는 사고법도 이와 같은 원리로 작동한다. **서로 다른 생각을 과감하게 부딪치는 과정을 통해서 서로가 가진 생각의 모순을 발견하고 전에 없던 새로운 해결책을 찾게 된다.**

생각의 차이에서 몰려오는 감정은 어두운 먹구름으로 뒤덮일 수도, 반짝반짝 빛나는 햇살과 맑은 하늘로 가득할 수도 있다. 그럼, 이런 날씨 요정을 우리 편으로 만들 방법은 무엇일까?

얄   분위기는 저절로 만들어지지 않는다. 그리고 누군가가 특별히 만들어 주는 것도 아니다. 친구 관계에서 가끔 '분위기 메이커'가 있기는 하지만, 그가 활동하지 않을 때 분위기는 주변 사람들이 함께 만들어 나가는 것이다. 따라서 어떤 분위기를 만들어 갈지는 그 관계에 속한 모든 사람의 책임이다. '분위기에 휩쓸리다.' 또는 '분위기를 잘 탄다.'라는 말이 있듯이, 분위기는 종종 불가항력적으로 느껴질 수 있다. 하지만 그 안에서 휩쓸릴지, 아니면 타고 나갈지를 선택하는 건 우리의 몫이다.

그러므로 나는 분위기를 만드는 것이 경험과 실력에서 온다고 생각한다. 경험과 실력을 쌓기 위해서는 노력이 필요하며, '어쩔 수 없는 분위기'라는 생각보다는 분위기가 자유 의지에 달렸다고 생각한다. 다시 말해, 회사에서 누군가와 함께 일하고자 하며, 그곳에 자기 뜻이 있다면, 그리고 같이 일하는 동료들을 신뢰한다면, 매일의 분위기는 내 손에 달렸다. 이러한 관점을 가지고, 원하는 방향으로 분위기를 만들어 나갈 수 있다는 자신감을 가져보는 것도 좋을 것 같다.

조이 유난히 브랜티스트는 인간적인 면이 느껴지는 집단인 것 같다. 생각과 감정을 숨김없이 솔직히 표현하는 그들 사이에서, 다양한 갈등과 관계의 변화를 목격했다. 갈등을 겪고 떠난 이들도 있고, 여전히 남아 있는 이들도 있다. 갈등이 소모적이라고 생각해 피하기보다 여전히 이들과 함께하고 있는 이유는 갈등의 단계를 지나야만 만날 수 있는 빛나는 관계와 사랑, 희망을 경험했기 때문이다. 하지만 많은 사람이 이러한 경험을 기피하고, 회사에서 에너지를 낭비하고 싸우는 것을 꺼린다. 하지만 나는 이러한 경험이 진정한 사랑과 같다고 본다. 경험을 통해야만 느낄 수 있는 것이다. 이것이 우리가 지향하는 회사 생활 속의 관계가 아닐까 생각한다.

문화

열쇠는 대화

생산성을 높이자! 효율성을 극대화 하자! 성과를 이끄는 전략을 세워라!

누군가 이렇게 하자고 약속한 적도 없는데, 모두 한마음 한뜻 마음속으로 구호를 외친다. 혼자 하던 일을 둘이 동시에 하는 협업 툴을 사용하는 사람을 이제 어렵지 않게 볼 수 있다. 높아지는 인건비, 높아지는 경쟁심, 높아지는 여가 시간의 중요성. 사람들은 더 적게 일하고, 더 많이 버는 방법에 관심이 많다. 나와 동료들도 몇 년 전부터 외쳐왔던 구호다.

그럼에도 시간이 지날수록, 기술이 발전할수록, 일이 노련해질수록 왜 더 힘들고 시간은 항상 부족할까? 사실 우리는 생산성과 효율성을 극대화하여 한 사람이 더 많은 일을 할 수 있는 환경을 구축했다. 과거보다 훨씬 빠르고 정확하게 완성도 높은 결과를 도출하게 된 건 서로가 체감할 수 있을 정도로 분명하다. 여기서 문제는 성취감에 사로잡혀 나도 모르게 일을 더 하고 싶어

하는 나 자신이다. 일을 하나씩 해결할 때마다 찾아오는 소소한 성취감에 취해 더 큰 목표와 의미를 잊게 되는 순간, 동료들이 귀띔해 준다. 그제야 부랴부랴 돌보지 못했던 점을 살펴보면, 내가 일하는 목적과 의미를 잠시 잊고 있다는 사실을 알게 된다.

나뿐만 아니라 동료들도 일에 대한 욕심이 많다. 서로 감시하지 않아도 스스로 일을 잘하는 사람들이다. 더하여, 서로가 기대하는 업무 수준이 높은 편이라 가끔은 고객사의 인정보다 서로의 인정과 확신을 더 필요로 하곤 한다. 또한, 혹시나 자신이 맡은 일을 멋지게 해결하지 못해 옆에 있는 동료에게 부담을 지우는 것을 원치 않아 더욱 목표 달성에 집중하게 된다.

누군가 우리를 필요로 하고, 그걸 해결하는 일은 그 자체로 매력적이고 감사하다. 조금 과장해서 표현하면, 마치 영화 속 히어로가 된 듯한 기분이다. 조금 거리를 두고 바라보면, 히어로들은 대부분 주변에 친구 하나 없는 고독한 존재로 그려진다. 아마도 그들에게 주어진 미션과 책임을 수행하는 일만 하더라도 벅차기 때문일 거다. 나는 동료들 덕분에 가까스로 균형을 이룬다. 혼자 일했다면, 시간 가는 줄 모르고 일만 하다 보내는 날이 많을 것이다. '전 세계 사람을 놀라게 하고, 즐겁게 하는 브랜드를 만들자.'라는 큰 뜻을 품고 있는 사람이 가장 가까이 있는 사람을 지루하게 하고, 무기력하게 한다면 이 모든 게 무슨 의미인가? 매일 이 생각을 잃지 않으려 애쓴다.

본격적인 저성장 시대에 들어서기 직전, 2022년 브랜티스트는 목표했던 연 매출 12억 원을 달성했다. 업종 특성상 순수익이 65%로 상당히 높은 편이다. 일하는 시간은 전년 대비 30% 줄고, 수익은 50% 늘었다. 서로 피드백을 나누는 시간과 미래를 위한 계획을 세우는 시간이 두 배로 늘었다. 보고 느낄 수 있는 경험을 위해 돈을 쓰고, 책 읽고 다큐멘터리 보는 시간도 늘었다. 루틴에서 벗어나 업에 대해 깊이 생각해 볼 수 있도록 4주간 대 휴식도 가졌다. 그리고 한 주에 4시간씩은 업무에서 벗어나 순수하게 자신이 원하는 일에만 몰두했다. 서로서로 돌보고, 각 프로젝트가 개인에게 주는 의미를 고민하는 시간이 이토록 만족스러워질 줄은 몰랐다.

열쇠는 대화다. 일의 보람과 만족의 90%는 대화를 통해 얻어진다고 믿게 됐다. 나 자신과의 대화, 그리고 동료와의 대화는 생각의 차이가 있더라도 그것이 오히려 서로 더 잘 이해할 방법이다. 왜냐하면, 우리는 단순히 생산성과 효율성만 추구하는 기계나 AI가 아니기 때문이다.

알
—
　　　한때, '생산성'에 미쳤었다. 적게 일하고 많이 번다는 것은 듣기만 해도 쉽고 유쾌하다. 그래서 힘 있는 해결책을 제시, 신속한 의사 결정, 그리고 커뮤니케이션 최소화에 주력했다. 마침 비대면 업무와 AI 기술 환경으로 생산성을 높일 수 있는 흐름이 찾아왔다고 생각했다. 그러나 생산성에 대한 집중은 집착을 낳았다. 동료들의 업무 효율성을 과도하게 강조하고 나 스스로에게도 엄격한 잣대를 두었다.

잠시 멈춰 내가 하는 일의 근간을 다시 들여다보았다. 브랜드는 한 사람 또는 한 기업의 목적과 희망, 열정을 담아내는 중요한 존재다. **브랜딩의 생산성은 브랜드를 운영하는 사람과 브랜드를 경험하는 사람의 관점을 얼마나 깊이 이해하고 있는지에 달려 있다.** 이러한 깊은 이해가 브랜드의 성장과 클라이언트의 민족을 실현하며 브랜딩 에이전시의 환경을 개선한다.

브랜딩 업에 있어 생산성은 단순히 물리적인 시간을 절약하는 것보다 일을 더 순도 높게 만드는 것이 필요한 기준이라고 생각한다.

조이   성장만을 목표로 하면, 어디에 깃발을 꽂았는지 모른 채 올라가게 될 때가 있다. 그리고 매너리즘에 빠지거나 번아웃이 찾아온다. 그럴 때마다 혼자서 상황을 파악하고, 해결책을 찾으려 노력하지만, 쉽게 해결되지 않는다는 걸 알게 되었다. 결국, 상황을 알아차린 동료들이 다가와 대화를 시작한다. 신기하게도 내 상태를 솔직하게 털어놓기만 해도 마음이 조금은 나아진다. 동료들은 이렇게 얘기해준다. '각자가 잘해서 프로젝트를 완성할 수 있다면, 우리가 함께 있을 필요가 없다고. 서로의 부족함을 채우며 같이 나아갈 수 있다고.' 이런 말을 듣고 나면 다시 일어설 힘이 생긴다.

우리는 종종 사업 초기에 계단이 많은 3층 사무실에서 무거운 원목 테이블을 같이 옮기던 시절을 이야기한다. 한 사람이라도 힘을 빼면 옆에 있는 동료에게 큰 부담이 되고, 그 상태가 유지되면 동료들의 손에 힘이 빠져 책상을 떨어뜨리게 될 것이다. 이 경험은 특히 팀워크가 중요한 프로젝트에 큰 도움이 되었다. 다행히도 브랜티스트 동료들은 모두 조별 과제에서 버스 기사 역할을 했던 친구들이다. 이들이 최선을 다하고 있다는 믿음을 가지고 앞으로 나아간다면, 나는 나를 지키며 생산성을 높일 수 있을 것이라 믿는다.

만족하기 어려운 일

요즘도 자주 일 걱정을 한다. 그러고 보면 지금까지 참된 휴식을 해 본 적이 없는 것 같다. 동료들의 현재 만족과 함께 세운 미래의 목표, 주변의 관심과 지지, 고객사의 바람은 휴식보다는 다음에 둘 최선의 수를 생각하라는 무언의 압박으로 찾아온다. 누가 알아주지 않더라도 견디는 훈련을 하고, 내일의 걱정을 물리치기 위해 준비한다. 그렇게 여유 공간이 생기면 '나'만을 위한 이기심에서 비롯된 것이 아니라 '우리'를 위한 지혜로운 결정을 고민한다. 노력 없이는 기쁨도 없을 것이고, 수고 없이는 만족도 없을 것이다. 문제를 해결하면 만족할 것이고, 문제를 해결하지 못한다면 만족스럽지 못할 것이다. 하지만 노력하고, 수고도 하고, 문제를 해결도 했는데 만족하지 못한다면 무엇이 문제일까?

그렇다. 이 업계는, 적어도 브랜티스트는 만족을 느끼기 어려운 환경에 놓여있다. 사업의 문제를 해결한 순간의 만족감은 있지만, 그 문제를 해결하는 데 걸리는 시간이 워낙 길기 때문이다. 브랜드에는 두 가지 요소가 중요하다. **시장에 필요한 기능과 시장에 필요한 의미다.** 대부분의 고객사는 자신의 브랜드가 시장의 필요를 충족하고 있다는 사실은 길 알고 있지만, 어떤 의미를 담아서 공감대를 만들고, 고객과 가까운 관계를 형성할 수 있는지는 잘 모른다. 이 문제를 해결하기 위해 찾아오는 것이다. 프로젝트 결과로 시장에 필요한 의미를 발견하고, 구체화했다고 가정하자. 결과에 대한 효과를 즉각적으로 체감하기가 어렵다. 따라서 고객사는 한편으로는 찾아낸 의미에 대해 기쁘게 생각하면서도, 브랜드의 성장이 즉시 이루어지지 않는다는 점에서 불안함을 느낀다. 이러한 이유로 프로젝트가 종료되어도 마음은 가볍지 않다. 오히려 브랜드 론칭 후 조금씩 고객의 피드백을 받게 되면 마음이 서서히 안정을 찾게 된다.

이처럼 단순히 시장에 필요한 의미를 발견하는 것만으로는 의미가 없다. 꾸준히 실천해야 한다. 의미를 완성하는 순간의 만족보다 의미를 실현하는 과정에서의 만족을 중요하게 생각하자. 과정 안에서 여러 사람과 인연을 맺자. 그렇게 되면 자연스럽게 응원도 받고, 관심도 받을 수 있다. 고객이 기쁘면, 고객사도 기쁘다. 그리고 브랜티스트 동료들과 나 역시 기쁘다.

알　내가 만나는 사람 대부분은 날 보며 이렇게 얘기한다. '좋아하는 일을 하는 모습이 보기 좋다.' 그리고 '좋아하는 것들을 자유롭게 경험하고 있는 것 같아 부럽다.' 그래서 마치 내가 각박한 현대사회에서 무지갯빛 같은 길을 걷고 있는 것처럼 보기도 한다. 반대로 내가 일하며 겪는 고통과 어려움을 알고 있는 친구들과 지인들은 나에게 덜 힘든 일을 선택하는 것이 어떻겠냐고, 너무 힘들어 보인다고, 조금 쉬어도 좋다고 격려한다. 똑같은 일을 하고 있지만 어떻게 보느냐에 따라 내 일은 가장 힘든 것이자 동시에 가장 멋진 것으로 보인다. 그래서 일의 만족이라는 건, 외부의 평가로 결코 이루어질 수 없다고 생각한다.

나는 내가 불안하지 않기 위해, 예민한 성격을 안정시키기 위한 기준을 세웠다. 그 기준은 내가 '나 스스로 멋있다.'라고 느끼는 순간과 내가 불편하다고 느끼는 것들을 깨닫고, 그것들을 어떻게 볼 것인지에 대한 나만의 관점을 하나씩 정립해 나간다면 나는 그 일이 괜찮은 것으로 생각한다. 앞으로 더 성장하고 나은 삶을 살기 위해선, 내가 잘 이겨낼 수 있는 것들과 어려워하는 것들을 잘 파악하는 것이 중요하다. 이 두 가지만 있다면, 나는 내 일에 만족한다고 말하고 싶다.

조이　우리는 '워라밸'이라는 걸 생각해 본 적이 없다. 일과 삶의 분리, 또는 균형을 찾는 것이 진정한 만족의 길일까? 꼭 프로젝트가 성공적으로 마무리되어야만 만족을 느낄 수 있는 걸까? 분리하거나 균형을 찾는 일, 그리고 프로젝트가 성공적으로 마무리되지 못할 때가 있기 때문에 지난 10년 동안 함께 일하며, 각자 만족하는 방법을 찾아가는 것 같다.

"칭찬은 고래도 춤추게 한다."라는 말처럼, 아주 작은 사소한 칭찬에도 오는 어린아이처럼 웃으며 즐거워한다. 때로는 예술가처럼, 때로는 전략가처럼 깊이 업무에 몰입해서 만족스러운 결과물이 나올 때, 얄은 누구보다 행복해한다. 그리고 나는, 동료들이 즐겁게 일하는 순간이 지속될 때 행복하다. 우리 모두 각자에게 맞는 만족의 방식을 찾아갈 때, 이 일을 지속할 수 있는 큰 힘이 된다.

서로 다른 명함

브랜드와 소비자 간의 소중한 관계를 이루는 방법에 몰두하다 보면 동료 간의 소중한 관계의 따뜻함은 서서히 차가워진다. 멀리서 본 브랜티스트는 그림처럼 아름답게 보이기도 한다. 가까이에서도 그 아름다움을 유지하고 싶다. 하지만 단순히 따뜻하게 서로 감싸는 행위는 일의 완성도를 높이는 데에 큰 도움이 되지 않는다. 이 일을 건강하게 할 수 있는 방법은 어디에 있을까?

브랜티스트는 서로 배려하고, 평화롭고 가족 같은 분위기라서 보기 좋다는 말을 많이 듣는다. 참고로 가족적인 모습이 든기에는 따뜻하고 좋지만, 이면에는 분위기를 지키기 위해 자기 생각을 솔직하게 표현하기 어렵다는 단점도 있다. 따라서 따뜻하고 평화로운 분위기보다는 서로의 생각을 명확히 하고, 좁히기 위한 열띤 토론의 분위기가 더 자주 펼쳐진다. 회사보다 개인이 중요하기 때문이다. 자연스럽게 회사의 의사 결정은 각자의 생각과 의견을 기반으로 이루어진다.

명함에도 이러한 점이 반영되어 있다. 대다수 회사에서 사용하는 명함 앞면은 동일하다. 이름, 직위를 포함한 개인 정보만 다르다. 브랜티스트는 개개인이 자신의 명함을 디자인한다. 명함을 건네며 어떤 태도를 갖춘 브랜드 디자이너인지, 그래서 이번 프로젝트에서 다른 디자이너와 다르게 특별히 어떤 역할에 더 집중할 수 있는지 소개한다. 직급 없이 자신이 좀 더 집중하는 역할을 표기한다. 조직과 직위에 가려지면 개인이 드러나지 않는다. **개인의 아이덴티티가 성장을 멈추면, 브랜드의 아이덴티티를 발견하는 일과 표현하는 일을 하기 어렵다.** 아이덴티티의 성장이 멈춘 개인이 브랜딩 업무를 하는 것은 결국 모순과 같다.

따라서 브랜티스트에 합류하는 동료는, 처음부터 개인의 가면을 벗게 된다. 즉, 사회적 장벽이나 경계를 없애는 것이다. 공과 사 구분을 철저히 하는 사람은 우리 조직과 어울리는 사람이 아니다. 세상에 대한 고민, 자아에 대한 고민을 토대로 만들어진 인사이트로 고객사로부터 돈을 받고 있는데, 어떻게 동료들 간에 그런 것들을 뒤로한 채 단순히 업무에 관한 대화만 나눌 수 있을까? 대표로서 나의 개인적 성격과 성향이 빚어낸 운영 기준이 아니라 동료들의 고민과 토론을 통해 만들어진 결과물이다.

　　브랜딩 에이전시가 올바르게 운영되려면, 각자가 자신의 의견과 아이디어를 자유롭게 표현할 수 있는 환경이 필요하다. 따라서 대표든, 신입이든 누구나 동등한 발언 기회를 가져야 한다. 신입이 대표를 조심스럽게 여길 수도, 대표가 신입을 가볍게 볼 수 있다. 하지만 그럼에도 노력해 나간다.

얄　　브랜티스트에서 일하기는 참 어렵다. 여느 스타트업처럼 자유롭기 때문이다. 자유롭다고 해서 시스템이 부재한 무방비한 업무 환경을 말하는 것은 아니다. 상대적으로 자유롭지 않은 환경이 많은 경력직에 익숙하기 때문일 것이다. 우리는 서로 다른 경력을 가진 동료들 간에도 의견을 존중하고 대등한 대화를 나누기 위해 노력한다. 이런 환경에서 살아남기 위해서는 자신의 기준을 명확히 해야 한다. 매일 그 기준이 부서질지라도, 다시 세운다. 기준이 있는 사람이 되려는 노력은 제자리걸음처럼 느껴져 괴로울 수 있다. 하지만 이런 기준이 나다운 방향으로 이끈다는 것을 이제는 알고 있다.

그만큼 관계에 상당히 예민한 편이다. 이런 나로서는 주체적인 업무 태도가 단순히 원하는 것을 자신 있게 표현하는 깃이 아니라, 함께 일하는 사람들의 의견을 진심으로 궁금해하고, 내 생각을 어떻게 전달할지 신중하게 고민하는 것으로 생각한다. 고민하는 과정에서 스스로 의사 결정을 하게 되고, 그 과정에서 점차 나만의 기준을 세워가며 자연스럽게 나다운 방식으로 사람들과 관계를 맺는 법을 찾아가고 있다.

조이   나는 누구보다 일과 삶을 구분하며 살아왔다. 일과 삶의 스위치가 명확했다. 그래서인지 업을 통한 개인의 성취만 있을 뿐, 깊은 관계나 삶의 성장은 기대하지 않았다. 그러나 우연한 기회로 시작된 브랜티스트의 창업은 업에 대한 가치관을 변화시켰다. 주도적으로 살아가는 법을 배우고, 현실에만 안주하지 않고, 내가 좋아하는 것을 따라 살아도 된다는 용기를 가지게 되었다. 부모님이 지어 주신 이름이 아닌, 내가 선택한 이름으로 나를 소개하며 다른 사람들과 관계하고, 내가 그리는 세계를 공유한다. 그렇게 나를 더 선명하게 인식하고 내가 원하는 모습으로 살아가고 있음을 느낀다. 낯선 사람들이 나를 '조이'로 기억해 줄 때 내가 바라는 방향으로 성장하고 있다는 확신이 든다.

브랜티스트 명함 디자인

성장만을 목표로 하면,
어디에 깃발을 꽂았는지 모른 채
올라가게 될 때가 있다.

표류기

브랜티스트에는 '표류기'라는 독특한 프로그램이 있다. 간단히 말해 우리가 일하는 방식을 가까이에서 관찰할 기회를 제공하는 프로그램이다. 평범해 보일 수 있지만, 생각보다 많은 사람에게 필요한 것이었다. 그들의 이야기를 들어보면, 도전하고 싶은 직업이 있지만, 직접 경험해 볼 기회가 드문 탓에 우리가 일하는 방식을 지켜보며 마음속 질문에 답을 찾고자 하거나, 좀 더 큰 의미에서 자신이 가고 싶은 방향을 탐색하고자 했다.

우리가 어릴 때부터 받은 교육 과정은 마치 치열한 전쟁 같았다. 그래서 정신을 차려보면 광활한 바다 한가운데 홀로 있는 것 같은 느낌을 받는다. 어디로 가야 할지, 막막한 게 당연하다. 스스로 목적지를 선택해 항해하는 일은 어렵지만, 진정한 자유를 느낄 수 있다. 영문도 모른 채 파도에 휩쓸려 다니기를 원치 않는 사람들이 표류기를 희망한다. 규칙은 단순하다. 표류자는 한 번에 한 명만 받는 걸 원칙으로 한다. 오고 싶을 때 오고, 가고 싶을 때 가면 된다. 업무를 도와줄 필요도 없다. 그냥 관찰만 한다. 회의에 참여해도 좋고, 적극적으로 자신의 의견을 공유해도 좋다. 나이도, 성별도, 학력도, 전공도 상관없다.

하루는 채용 공고를 보고 한 브랜드 디자이너가 지원했다. 인간성과 전문성, 둘 다 성장 가능성이 높거나 갖추고 있는 사람을 찾기란 쉽지 않다. 지원한 디자이너의 지원서에서 충분한 의지가 느껴졌지만, 업무에 투입하기까지 상당한 시간과 리소스가 요구될 것 같았다. 그래서 정중히 거절 의사를 전했다. 그런데 며칠이 지난 후, 장문의 메일이 도착했다. 지금까지 고민하고 시도했던 것들에 관한 이야기에서 과거의 나를 발견했다. 꿈꾸는 자가 가진 용기는 누군가의 마음을 열고, 새로운 기회를 열기 마련이다. 글의 말미에는 지원자가 아닌 디자이너로서 조언받고 싶다는 말에 표류기가 떠올라 소개했다. 그렇게 하루 동안의 표류가 시작되었다.

우리가 보여줄 수 있는 가장 넓은 세상을 보여주고 싶었다. 다양한 프로젝트 논의, 틈새 시간을 활용한 북 스터디, 크고 작은 의사 결정, 포트폴리오 피드백, 브랜드 이미지 고도화 방법, 효과적인 노트 정리 방법, 브랜드 네임 선정 기준 등 하루가 어떻게 지나갔는지 모를 정도로 빈틈없이 시간을 보냈다. 나로서도 매 순간 살아 있다는 느낌이 들었던 알찬 하루였다. 매일 이렇게만 보낼 수 있다면, 모두가 금세 성장할 것 같았다. 이렇게 섬사람들은 표류자를 위해 보이지 않는 노력을 한다. 그 시간이 그들에게 얼마나 중요한지 알기 때문이다. 마음이 통했는지 아침 출근 시간부터 퇴근 시간까지 함께했다. 그리고 며칠 뒤, 또 다른 장문의 메일이 도착했다.

안녕하세요, 브랜티스트 여러분.

저는 표류자 정혜인입니다. 잘 지내고 계신가요?

비록 하루뿐이고, 표류자로서 서성거리며 둥둥 떠 있었지만, 저에게 많은 생각을 하게 한 계기가 되었어요. 외부인이 찾아와 일하는 모습이나 프로젝트 관련 정보를 공유하는 게 불편할 수도 있는데, 따뜻한 마음으로 뜻깊은 기회를 주셔서 감사드려요.

브랜티스트에 표류한 지 일주일이 지났고, 그동안 저는 여러분과 함께했던 순간들을 떠올리며 저 자신에 대해 되돌아보고 질문하는 시간을 가졌어요. 단순히 '디자이너로서 가져야 할 역량과 태도'에 대해 생각했던 것과는 달리, 더 넓은 의미의 가치들을 고민하게 되었죠.

디자인할 때 어떻게 접근해야 하는지, 발상을 어떻게 풀어내야 하는지 여러분이 프로젝트를 위해 의견을 나누는 모습을 보며 디자인에 대한 태도를 많이 배웠어요. 자유롭게 의견을 표현하면서 그 타당성을 설명하는 여러분의 모습에서, 표현법과 각자의 성격은 다르지만 서로 존중을 바탕으로 한 대화가 느껴졌어요. 또, 포트폴리오를 피드백해주실 때 저의 마음이 다치지 않게 따뜻한 마음으로 진솔한 조언을 해주시는 모습이 정말 멋지셨다는 거 아시나요? 누구 하나 빠짐없이 말이에요. 그래서 더 귀 기울이게 되고, 생각이 명쾌해져 기분이 정말 좋았습니다.

원래 디자이너로서 배워야 할 점들을 담아 오려고 했지만,

여러분의 모습을 보며 스스로 돌아보게 되었어요. 제 포트폴리오를 다시 보니, 제가 누구이며 왜 그런 디자인을 했는지가 모호하고 매력 없이 느껴지더라고요.

더 나은 디자이너가 되고 싶어서 준비해 왔지만, 스스로 존중하는 것을 놓치고 소중한 것들을 절제하며 지냈어요. 여러분을 만나고 나니 제 포트폴리오에 저 자신을 잃은 모습이 보였습니다. 그래서 여러분이 디자인과 하루를 대하는 모습을 떠올리며 '왜 디자인을 하고 싶은지'부터 '나는 어떤 사람인지' 다시 생각하는 시간을 보내고 있습니다. 모두와 나눈 대화는 여러분에게 일상이겠지만, 저에게는 생동감 있는 모습이었습니다.

(중략)

소중한 시간을 나눠주시고 좋은 경험을 하게 해주신 모든 분께 감사드립니다.

정혜인 드림

브랜티스트 섬사람들에게 이 낯설고 새로운 시선은 묘한 긴장감을 불러일으킨다. 스포츠 경기에서 팀을 조용히 마음속으로 응원하는 관객이 생긴 기분이다. 덕분에 팀워크가 강해지고, 개인의 기량도 빛을 발한다. 더 멋진 사실은 우리 모두 일하는 순수한 목적을 잃지 않게 도와 주어, 승리로 가는 과정도 즐겁게 만든다.

얄 표류기는 자유롭게 하루에서 한 달까지 기간을 정해 머물
며, 그 경험을 정성스럽게 후기로 남긴다. 나는 표류자들
을 한 번도 잊지 않았다. 이름과 성격 특징까지 세세하게
기억한다. 회사 생활 속에서 새로운 사람들의 관점을 접
하는 것은 큰 환기가 된다. 공간을 바꾸지 않더라도 공간
이 바뀐 것 같은 기분을 선사한다. 그만큼 나에게도 예상
치 못한 성장의 기회가 된다. 유튜브는 타인의 삶을 간접
적으로 경험하는 것과 같다. 하지만 표류기는 직접적인 경
험이다. 정보만으로 해결할 수 없는 수많은 일들을 직접
보고 간접적으로 받아들일 수 있다. 부담도 없고, 스트레
스도 받지 않는 안전한 울타리가 있다고 보면 된다. 표류
기는 삶을 시뮬레이션해 보고 싶은 사람에게 어쩌면 굉장
히 매력적인 시스템이라고 생각한다. 우리는 굉장한 경험
을 발견한 것 같다.

조이 표류기는 첫 표류자 '헤일리'와의 만남을 통해 시작되었
다. 헤일리가 브랜티스트와 관계하며 관찰한 것들을 기록
해 두었는데, 일하다 정체기가 올 때면 그 글을 꺼내어 읽
어본다. 몇 년이 지난 지금, 그때 기록된 내 모습을 보니 당
시의 태도와 마음들이 지금은 더 짙어졌음을 새삼 느낀다.
10년 동안 같은 환경에서 일하다 보면, 자신을 객관화하기
가 쉽지 않다. 그럴 때 호기심 가득 안고 문을 두드린 표류
자들 한 명 한 명 덕분에 나를 되돌아볼 수 있었다. 그들의
반짝이는 눈을 보고 놓치기 싫었던 과거의 내 모습을 발견

하기도 하고, 우리가 풀지 못했던 숙제를 해결할 수 있는 열쇠를 얻기도 했다.

헤일리의 두드림으로 가볍게 시작된 표류기지만, 지금은 여러 사람을 거쳐 서로에게 도움이 되는 시스템으로 발전하고 있다.

우리기 상상히는 풍경

끝이 보이지 않는 레이스를 하는 기분이다. 때로는 상대를 쫓아갈 때가 있고, 때로는 나와의 싸움에 집중할 때가 있다. 둘 다 치열하다. 잠시라도 긴장을 풀지 못하는 전력 질주다. 쉬면 더 힘들어질 거라는 걸 직감하기 때문이다. 달리던 코스가 익숙해지면 더 복잡하고, 어려운 코스가 눈 앞에 펼쳐진다. 마음 편하게 혼자 뛰는 게 아니다. 동료들과 발맞춰 같이 뛴다. 왜 이렇게 하는 걸까. 거창한 표현으로, 레이스의 정점에는 우리가 상상하는 풍경이 있을 거라는 기대 때문이다.

이를 업계에서는 '비전'이라 부른다. 여기서 포인트는, 나의 비전이 아니라 '우리의 비전'이다. 'Spark (of) Human Park.' 우리의 비전은 한 사람의 순수한 공동체 정신이 영감이 되는 세상을 만드는 것이다. 궁극적으로 우리의 이상과 현실의 간극을 좁히기 위해 일하고, 동료들과 문화를 만든다. 그 결과, 고객사의 브랜드 다움에는 인간 중심의 가치가 어느 한 군데 자리 잡고 있고, 동료들과 해외를 가더라도 단순한 힐링을 목적으로 하지 않는다. 사무실의 벽을 넘어, 다양한 문화와 사람들 속에서 영감을 주고받는 경험을 선택한다. **비전에서 그치는 게 아니라, 매일 해야 할 실천과 약속이라는 걸 상기할 수 있게 와닿는 경험을 하고 싶었다.** 작은 생각과 행동이 한 사람, 한 가정, 한 지역의 삶에 차이를 만들어낼 수 있다는 것을 경험하고 싶었다.

그렇게 시작된 게 '샤인 프로젝트(Shine Project)'이다. 물적 자원이 아닌 예술적 자원으로 세상에 기여하는 해외 봉사 활동이다. 첫 시작은 필리핀과 태국의 판자촌 지역 사람들을 만나 어떻게 살아가는지 이야기를 나누는 시간을 가졌다. 이후 가족사진을 촬영해 주고, 큰 액자에 담아 선물로 주었다. 많은 가정이 사진 한 장 갖고 있지 않은 현실을 마주했을 때, 이 작은 행동이 큰 의미를 줄 수 있다는 것을 새삼 느꼈다. 인도네시아의 한 보육원에서 '우리가 꿈꾸는 세상'이라는 주제로 아이들과 함께 워크숍도 진행했다. 6명씩 조를 이룬 아이들은 키보다 큰 종이 위에, 주변에서 쉽게 구할 수 있는 나뭇가지, 나뭇잎, 돌을 물감에 적셔 서로의 꿈과 희망을 그리며 하나의 그림을 완성해 나갔다. 그림을 그리는 이 순간을 사랑한다는 한 아이의 말이 마음속 깊이 남았다. 각각의 조는 완성한 그림을 다른 아이들 앞에서 자랑스럽게 소개하며 워크숍을 성공적으로 마무리했다.

다른 사업가도 나와 비슷한 생각을 할까? 사업의 목적이 이상적이고 순수할수록 말보다 행동이 필요하고, 행동하기 전에 체계를 구축해야 한다는 것을.

알   내가 순수 예술을 전공하고 이 업계에 뛰어드는 데 큰 어려움을 겪지 않았던 이유는 브랜딩은 예술 창작과, 브랜드는 예술 작품과 같았기 때문이다. 예를 들어, 예술 작품을 만들 때와 마찬가지로 브랜드를 만들기 위해서도 대상을 깊이 관찰하고 현상에서 본질을 파악한다. 그리고 그 브랜드만이 가질 수 있는 메시지(비전&미션)를 정의하고 이를 전달할 관객(타깃)을 고려하여 시대적, 문화적 공감 또는 충격을 줄 수 있는 시각화(디자인)를 연구한다.

크게 요약된 프로세스이지만, 디테일한 업무 과정도 하나의 예술 전시를 준비하는 것과 유사하다고 생각했다. 따라서 브랜드는 나에게 예술과 같이 경제적인 수단이 될 뿐만 아니라 메시지를 담은 순수한 작품으로서도 기능한다고 느꼈다. 그 결과, 브랜딩을 통해 자신의 존재를 알리고 더 큰 세계와 교류하며 나아가는 기회를 찾는 데 이바지할 수 있다고 생각했다. 아직 우리는 사회적으로 큰 파급력을 가진 사건을 일으키진 못했지만, 더 나은 사회를 구축하기 위한 실용적이면서도 이상적인 아름다운 발걸음을 내딛고 있다고 확신한다.

조이   오의 태국 지인을 통해 샤인 프로젝트에 참여한 현지 가족과의 만남은 깊은 인류애를 느끼게 했다. 공항에서 우리를 맞이하고, 투어해 주며, 기부하고, 쌀을 같이 나르며, 현지 사람들의 인터뷰와 번역을 도와주는 모습에서 말이다. 인도네시아 보육원과 필리핀 판자촌에서의 경험도 마찬가지였다. 현실적으로 어려운 환경에서도 해맑게 웃는 사람들을 만나며, 진정 중요한 것이 무엇인지 깨닫게 되었다. 처음 오가 해외 봉사를 가자고 했을 때, 봉사는 유명한 사람들이 긍정적인 이미지를 만들기 위해 형식적으로 하는 활동이라 생각했다. 그런데 그곳에서의 경험은 나를 치유하고 마음 열고 너그러워지게 했다. 마이클 잭슨의 〈Heal the World〉 노랫말처럼, 더 나은 세상을 만들기 위한 약속을 간직하고, 앞으로 내가 가는 길 위에서 만나는 이들에게도 그 메시지를 전한다.

나

직업병

브랜딩을 접하다 보면 무엇이든 전보다 다양한 시선으로 느낄 수 있게 된다. 평소에 그냥 지나치던 간판과 로고, 광고물이 그 브랜드의 배경을 말해 주는 것처럼 느껴지고, 사람을 만나 대화하면, 그 사람이 어떤 삶을 살아왔는지 어렴풋이 느껴지기도 한다. 심지어 언어가 달라도 그렇다. 중국인 대표를 만났을 때의 일이다. 그의 표정과 말의 강세, 제스처만으로 그가 가장 중요하게 여기는 가치를 캐치할 수 있었다. 여행을 가면 여러 단서를 통해 그곳만의 세계관을 이해할 수 있고, 음악을 듣더라도 부르는 이의 스타일과 철학이 느껴져 한 소절이 더 깊고 의미 있게 다가온다.

동료들의 생일을 꼭 챙긴다. 근사한 공간을 빌려 파티도 한다. 파티의 하이라이트는 선물 릴레이다. 선물의 의미는 당연하고, 건네는 방법부터, 포장법, 크고 작은 선물의 구성, 편지지와 메시지까지 무엇 하나 상투적인 게 없다. 오로지 그 사람을 위한 것이다. 이러한 과정에서 서로를 생각하는 마음이 고스란히 잘 드러난다. 그래서 감동의 눈물을 종종 목격한다. 서로를 잘 이해할 수 있다는 건 축복이다. 이처럼 브랜딩이란 렌즈를 통해 주변을 바라보면, 작은 것도 더 풍부하고 다양하게 보인다.

알   미대를 졸업하고 전혀 관련 없어 보이는 브랜딩 분야에서 어려움을 느끼지 않았던 이유는, 바라보는 시각이 같았기 때문인 것 같다. 한마디로, 관찰의 본질에 대한 이해였다. 전부터 전단지 하나에서 작품까지 어떤 물건이든 그 뒤에는 항상 사람이 있다는 걸 알았다. 비로 누군가의 의도에 의해 탄생한 것임을 의미한다. 그러므로 이 세상에 존재하는 수많은 의도를 파악하는 것은 동시에 수많은 사람을 이해하는 것과 같은 의미라고 볼 수 있다.

요즘처럼 물건, 새로운 디자인, 레퍼런스가 쏟아지는 시대에, 그것들을 단순히 하나의 결과물로만 보지 말고, 사람들이 왜 요즘 이런 것을 만들어내는지, 만들었기 때문에 사람들이 좋아하는 것인지, 사람들이 좋아해서 그것들이 만들어지는 것인지 등의 본질적인 고민이 유의미하다고 생각한다. 브랜드 관점은 브랜드를 직업으로 하는 사람뿐만 아니라, 소비자 모두에게 의미 있는 소비를 하고, 함께 살아가는 사람들을 더 잘 이해할 수 있도록 도와준다.

조이   확실히 직업병이 있는 것 같다. 하지만 이건 병이라고 할 수 없다. 왜냐하면 이 '병' 덕분에 나는 더 많은 것들을 좋아하게 되었기 때문이다. 예를 들어, 원래 가수 윤딴딴의 음악 장르는 내 취향이 아니었다. 그런데 윤딴딴이라는 사람을 만나고, 그의 이야기를 듣고, 그와 함께 작업을 하고 나니, 음악이 완전히 다르게 느껴졌다. 이제는 그의 노래 전주 몇 초만 듣고도 무슨 곡인지 알아차린다. 더 깊게 그 대상을 이해하게 해주는 것, 그게 바로 브랜딩인 것 같다.

밥보다 내가 먼저

철학자이자 심리학자 에이브러햄 매슬로(Abraham Maslow)는 인간의 기본적인 욕구를 계층화하여 피라미드 형태로 구분했다. 이론을 요약하면, 하위 단계의 욕구(생리, 안전, 소속, 애정 등)가 충족되면 자연스럽게 상위 단계의 욕구(자존, 존중, 자아실현 등)를 추구하게 된다는 것이다. 하지만 현재의 사회를 바라보면, 이 피라미드가 마치 뒤집힌 것처럼 보인다. 지금처럼 개인의 자아에 대한 집착이 이렇게 강하게 나타난 시대가 있었을까? 내가 사라지는 느낌이 들면, 식욕을 포함한 삶에 대한 열정이나 의욕마저 사라진다는 사람들이 점점 많아지고 있다. 심지어 사랑하는 부부도 각자의 시간과 공간을 중요하게 생각하며, 자신을 지키는 방법을 택하고 있다. 한마디로, 밥보다 내가 먼저다.

다른 사람과 구분되는 나만의 이미지를 갖게 되면, 자존, 존중, 자아실현 욕구를 해소할 수 있을 거라는 기대 때문이지 않을까. 그래서인지 어떤 직업이든 퍼스널 브랜딩에 대한 관심이 뜨겁다. 프리랜서, 창업 기업, 교육자를 대상으로 한 퍼스널 브랜딩 강연 요청도 많다. 이들은 크게 두 가지 목적이 있다. 일할 기회를 얻고 싶은 사람(전문성)과 나에게 만족을 주는 일을 찾고 싶은 사람(주체성)이다. 이들의 고민은 다른 사람과 구별된 나만의 고유한 정체성이 무엇인지, 나만의 방식으로 업을 정의하고, 소개하는 방법은 무엇인지 찾는 것이다. 우리는 언제부터 이러한 고민을 하기 시작했을까?

　퍼스널 브랜딩이 대두되기 이전의 브랜딩은 기업의 전략적 요소로써 활용됐다. 투자자에게는 자금을 조달하기 위해, 고객에게는 제품 또는 서비스를 구매하게끔 유도하기 위해, 직원에게는 더욱 열정적으로 일하게끔 동기를 부여하는 데 필요했다. 하지만 현재는 다양한 플랫폼의 등장으로 개인이 조직의 영향력을 뛰어넘고 행사할 수 있는 시대가 도래했다. 즉, 인플루언서의 시대이다. 불과 40년 전만 해도 지금처럼 개성을 드러낼 필요가 없었다. 주어진 역할을 잘 해낼 때 인정받았기 때문이다. **이제는 사회에 필요한 역할이 무엇인지 스스로 제안하고 발견해야 한다.** 우리가 살아보지 못한 더 먼 과거에 관한 이야기도 크게 다르지 않다. 예를 들어, 수렵채집 사회에선 구성원 간의 협력을 통해 생존에 필요한 자원을 확보하는 것이 최우선 목표였다. 그 때문에 개인의 개성보다는 집단의 조화가 더 중요했다.

　나는 시골 초등학교에 다녔다. 한 학년에 반은 두 개, 학생은 스무 명 남짓한 학교에선 한 명 한 명 잘 알고 지냈다. 다시 말해, 나라는 존재에 대한 고민과 걱정을 할 필요 없이 서로를 당연하게 인정해 주었다. 누가 어떤 포지션에서 축구를 잘하는지, 어떤 말로 친구의 기분을 좋게 할 수 있는지 알고 지냈다.

고학년이 되어 도시의 큰 초등학교로 전학하게 되면서, 정반대의 경험을 했다. 전교생이 모여 그 넓은 운동장에서 조회하는데, 시골 아이에겐 어지러울 정도로 사람이 많았다. 사람이 많으면 여럿이 잘 알고 지내기 어렵다. 그리고 한 사람의 개성이 존중받기 어렵다. 자연스레 나의 개성이나 특징을 알아주는 사람이 많지 않았다. 그때 처음으로 나의 존재감에 대한 고민과 걱정을 시작했다.

이렇게 우리가 의식하지 않으면 관계의 형태는 쉽게 좁고 깊어지거나 넓고 얕아진다. 그런데도 우리는 사람이 많은 도시로 몰려간다. 더 큰 기회가 있을 거라고 믿기 때문이다. 성공할 수 있을 거라고 기대하기 때문이다. 도시에는 사람들 간의 만남의 빈도와 밀도가 증가하지만, 문제는 초등학생 시절의 나처럼 존재감이 흐려진 사람들에게는 그런 환경이 관계의 보장을 더욱 어렵게 만든다. 그래서 위험을 감수하면서 꿈을 찾아 지방에서 수도권으로 모인 사람들이 점점 자신의 색을 잃어가고, 결국 꿈마저 잃어버릴까 불안을 느낀다. 자아에 집착하는 현시대의 흐름은 전혀 뜻밖의 결과가 아니다. 시장에 화폐가 많으면 화폐 가치는 떨어진다. 사람도 많아지면 가치가 떨어진다. 구체적으로는 노동의 가치가 떨어지는데, 베트남과 인도, 중국 같은 인구가 많은 국가에서는 인건비가 상대적으로 낮다는 사실을 알 수 있다. 화폐 가치 하락으로 물가 상승을 느끼듯이, 우리의 노동 가치의 하락으로 권위와 권력의 하락을 느낀다.

이러한 점을 미루어 보면, 노동 가치와 추락한 권위, 권력을 상승시키기 위한 목적으로 퍼스널 브랜딩을 하는 사람들이 특히 어려움을 겪는 것 같다. 시작하기도 전에 마음에 여유가 없으며, 타인을 의식하게 되고, 인위적으로 무언가를 만들어야 할 것 같은 강박감에 사로잡힌다. 모순적으로 들릴 수 있겠지만, 진정한 퍼스널 브랜딩은 자아에 대한 집착에서 벗어났을 때 가능하다고 본다. 우리가 좋아하는 일을 찾는 본질적인 이유는 스스로 자유로워지고 싶기 때문일 것이다. 자유로운 상태에서 진정한 자아실현이 가능하다. 좋아하는 일을 발견하려면 마음을 이끄는 경험을 다양하게 해 볼 필요가 있다. 이런 말이 있다. "내가 좋아하는 일을 찾는 게 아니라, 좋아하는 것이 나를 선택한다."

대학을 졸업하기 전에 사업을 시작하게 된 이유 중 하나는 내 안에 깊이 잠재된 것들을 끌어올리기 위해서였다. 성장하기 위해, 내가 좋아하는 것들이 나를 선택할 수 있도록 다양한 경험에 스스로 노출하기 위해서이다. 퍼스널 브랜딩에 대한 어려움을 겪는 사람들은 생각보다 고민이 많다. 불교에서도 자아에 대한 고착은 문제로 여긴다. 생각하지 말고 행하라고 한다. 실천의 반복이 자아를 형성한다. 특별한 활동과 경험을 하면 특별해진다. 많은 유명하고 성공한 인물들이 자아에 대한 집착과 특별한 목표 없이 시작했음에도 이름을 알리게 된 사례는 무수히 많다.

스티브 잡스(Steve Jobs)와 일론 머스크(Elon Musk)의 전기를 다룬 작가 월터 아이작슨(Walter Isaacson)은 지금까지 알려진 세상에 긍정적인 영향을 끼친 위대한 사람들의 공통점은 모두 다 다르다는 것이다. 하는 일에 열정을 가지는 게 중요하지, 유명한 사람이 되는 규칙은 없다고 한다. 한 가지 규칙이 있다면, 자신은 자기 그대로여야 한다는 것이다.

> 모든 자발적 활동에서 인간은 세계를 자기 안으로 받아들인다. 그 과정에서 개인의 자아는 온전해지고 더 강해지며 더 탄탄해진다.
>
> 에리히 프롬(Erich Fromm : 독일의 철학자, 사회심리학자)

서울은 분명 기회의 땅이 맞다. 기회는 바로 옆에 있는 사람에서부터 시작한다. 경쟁하기 바쁜 이유로 타인에 관한 관심보다는 자신의 성취에 더 큰 관심을 기울이게 되기 쉽지만, 나에게 새롭고 다양한 경험은 의도치 않은 만남에서 시작하는 경우가 많다. 가까운 사람에서부터 관계를 시작해 보자. 의도치 않은 특별한 만남은 특별한 경험을 가져다 주며, 그 경험은 나를 더욱 특별하게 만들어 나갈 것이다.

얄　　개인은 세상의 거울이며, 세상은 개인의 거울이다. 아름다운 세상을 보고 싶다면, 그저 아름다운 사람들이 있는 곳으로 거울을 들고 가 그 풍경을 담으면 그만이다. 그렇다고 아무거나 다 담아 넣는다고 대단한 사람이 되지 않는다. 우리 모두에게는 자신을 빛나게 만든 순간들이 있으니, 그것과 닮은 것들을 찾아 나서는 것부터 시작해 보는 것이 좋겠다. 나는 한때 나와 닮은 사람들과 관계를 맺고 싶어 했다. 하지만 지금은 내가 닮고 싶은 사람을 찾는다. 좀 더 적극적이고 능동적인 태도로 내가 변화하고 있는 것 같다. 내가 세상을 더 깊이 관찰하게 되고, 관심 두게 되는 동기다.

조이   과거에는 롤 모델을 찾아 헤매었지만, 이제는 나 자신이 누군가의 롤 모델이 될 수 있기를 희망하며 성장하고 있다. 완벽해지려는 것이 아니라, 내가 원하는 모습을 얻기 위해 실패, 부끄러움, 좌절도 겪어야 한다고 생각했다. 이걸 깨닫는 데에는 7년 차 서울 생활이 큰 도움이 되었다. 늘 친구들과 말한다. '서울엔 참 다양한 사람들이 모여 산다고. 만나는 사람마다 눈이 반짝인다고.' 그들과 시간을 보낸 덕분에 소심하고 편협한 관계에서 벗어나, 호기심과 따뜻한 시선으로 가득 채울 수 있었다. 그들의 고유함을 배우며 나 자신을 찾아가고 나를 더 나답게 만들어가고 있다.

타인의 영향권에서 벗어난 나

누군가는 나를 보며 브랜딩이 잘 된 사례라 한다. 하지만 정작 스스로 돌아보면, 다른 사람과 별반 다를 것 없는 평범한 사람이라 느껴진다. 그 흔한 유튜브도 하지 않고, SNS 사용 빈도도 매우 낮다. 누굴 만나더라도 내 이야기보다 상대의 이야기를 듣는 비중이 훨씬 높기 때문이다.

브랜딩이 잘 된 사람들은 누구일까? 브랜드와 그 사람이 자연스럽게 연결된다면 '브랜딩이 잘 된 사람'이라고 얘기할 수 있을 것이다. 그들은 자기다움을 숨기지 않고 드러낸다는 공통점이 있다. 테슬라는 일론 머스크를, 애플은 스티브 잡스를 자연스레 연상하는 것을 보면 말이다. 또 다른 공통점은 자기다움을 드러내는 경계가 불분명하다는 것이다. 기안84는 작품뿐만 아니라 일상과 여행에서도 자기다움이 그대로 드러난다. 어린아이처럼 순수한 감정과 생각을 거리낌 없이 표현하는 만큼 새로운 것을 편견 없이 받아들이는 캐릭터이다. 진지하고 복잡한 상황을 유머러스하게 바라보는 캐릭터에서 새로운 해석(Creative)이 쏟아진다. 스스로 익숙한 무대인 웹툰에서 벗어나 전시회에서 또 다른 형태의 작품으로 사람들과 만나는 모습도 경계를 넘나드는 행위 중 하나로 볼 수 있다.

나 또한 그렇다. 상황과 맥락에 따라 조금 다른 모습으로 드러나지만, 생각은 비슷하다. 그러다 보니 행동도 비슷하다. 이렇듯 타인의 영향권에서 벗어난 나의 자연스러운 모습을 언제 어디서든 드러내는 연습을 해 보면 어느새 다른 사람들이 나를 기억하는 지점이 생길 거라 생각된다.

퍼스널 브랜딩은 기업 브랜딩과는 다르다. 사업은 누구를 만나고 어떤 제품을 제공할지 정해져 있다. 하지만 사람은 정해져 있지 않다. 우리가 왜 이 세상에 태어났는지 알아가는 과정이 인생이다. 그래서 애초에 누구를 만나서 무엇을 줄지 미리 정해져 있지 않기 때문에, 내가 이 세상에서 어떤 역할을 하며 무슨 재미로 살아갈지 만들어가는 과정이 브랜딩이다.

미국의 디자이너 릭 오웬스(Rick Owens)는 결과가 어떻든 상관없이 무엇이든 계속하라고 했다. 그러면서 본인다움을 찾아갈 거라는 이야기다. 그는 개인적으로 다크 패션을 굉장히 좋아하고, 그 스타일을 좋아하는 사람이 지구 어딘가에는 분명 있을 것으로 생각하며 브랜드를 론칭했다. 지금은 전 세계적으로 유명한 브랜드가 되었다. 만약 릭 오웬스가 없었다면, 어둡고, 칙칙하며 우울한 옷을 입은 사람들은 외톨이가 되었을지도 모른다.

다른 사람들의 기준에 신경 쓰기 시작하면 창작의 시도는 사라지고, 더 이상 새로움을 추구하는 사업도 없어질 것이다. 다시 돌아와서, 퍼스널 브랜딩의 대상이 사람인 만큼, 나와 다른 사람들은 무엇이 같고 다른지 알아가는 시간이 필요하다. 같음에서는 인간적임을, 다름에서는 매력적임을 느낄 수 있다. 매력적이면서 인간적인 사람이라면 누구든 그들을 만나고 싶고, 그들의 이야기를 듣고 싶어 할 것이다.

조이　얼마 전 친한 사람들이 나를 위해 생일 파티를 열어 주었는데, 받은 선물들이 모두 비슷했다. 선물만 봐도 사람들이 날 어떻게 생각하는지 새삼 알게 됐다. 집에 돌아와 생각해 보니, 내가 SNS에 좋아하는 것들을 올리고, 그런 것들로 집을 꾸며 친구들을 초대해 보낸 시간이 그렇게 만든 것 같다. 그 결과 내가 직접 하지 않아도 자연스럽게 주변 사람들이 조이다움을 만들어 주었다. 나는 단지 좋아하는 것들을 좋아했을 뿐인데 말이다. 29cm 큐레이션 캠페인 '취향의 선택'을 특히 좋아한다. 이 캠페인은 매달 개성 있는 인물을 섭외하여 그 사람의 취향과 관련된 이야기를 통해 제품을 소개한다. 이렇게 내가 가지는 취향은 나만의 것이 아니라 다른 사람과 공유할 수 있는 것이다.

브랜딩의 렌즈를 통해
주변을 바라보면,
작은 것도 더 풍부하고
다양하게 보인다.

2장

일을 예술적으로

브랜딩은 '어떻게'가 아닌
'왜'를 추구하는 과정이다.

순서

일은 어떻게 시작될까? 간단한 질문과 대답을 통해 고객사가 해결하고 싶은 부분을 파악하고, 그 문제를 어떤 결과물로 해결할 것인지 업무 범위를 정한다. 기간과 예산을 조율하고 계약서에 날인하면, 본격적으로 프로젝트가 시작된다. 브랜딩을 처음 접하면 많이 궁금해한다. 홈페이지에 올라온 포트폴리오들은 대체 어떤 과정으로 만들어졌는지. 복잡해 보이지만 답은 단순하다. '대화'와 '표현'이다. 하나씩 짚어보자.

대화(Interview&Research) 단계

브랜딩의 90%는 대화를 통해 이루어진다고 믿는다. 브랜티스트가 가장 중요하게 여기는 단계이기도 하다. 우리가 매일 하는 대화 속에 뭐가 그렇게 특별할 게 있을지 의구심이 들 수 있다. 자연스러운 생각의 흐름이라고 생각한다. 왜냐하면 대부분 대화가 공감에만 과도하게 초점 맞추었기 때문이다. 현재를 살아가는 사람들은 과거보다 더 강하게 상대방에게 공감을 요구하는 경향이 있다. 아마도 너무 많은 정보와 부대끼며 사는 현실에선 어쩔 수 없이 해결보다는 문제를 견디는 상황이 많기 때문일 수도 있다. 또는 정치와 사회, 경제와 관련된 논의할 때 서로 의견을 좁히지 못하고 분열되는 경우를 일상에서 많이 접했기 때문일 수도 있다.

하지만 대상의 깊숙한 아이덴티티를 발견하는 과정에선 높은 수준의 공감과 이성, 두 가지 모두를 요한다. 물론 나보다 훨씬 이성적 판단과 공감을 잘하는 분들이 있다. 이분들과 내가 다른 부분은 바로, '관심'에 있다. 나에 관한 관심, 너에 관한 관심, 우리에 관한 관심, 사회와 국가에 관한 관심, 자연과 세계에 관한 관심, 지구와 우주에 관한 관심. 다시 말해, 어느 하나에만 국한하지 않고, 고르게 둔다. 하나의 관심은 다양한 분야로 확장된다.

> 레오나르도 다빈치, 벤 프랭클린, 스티브 잡스, 일론 머스크처럼 모든 것에 관심을 가지는 것이 중요하다고 생각해요. "나는 코딩을 잘해야지."라는 편협한 목표를 가지지 마세요. 또는 "저는 훌륭한 하드웨어 엔지니어가 돼야지."라던가요. 언젠가는 인공지능이 모든 코더를 대체할 거예요. 여러분은 모든 것에 관심을 두고 어떻게 맞물려 돌아가는지 볼 줄 아는 사람이어야 해요.
>
> 월터 아이작슨(Walter Isaacson : 미국의 전기 작가, 전 타임지 편집장)

관심은 대상과의 관계를 형성하는 다리와 같은 역할을 한다. 관심의 정도에 따라 관계의 형태가 결정된다. 앞서 브랜드가 맺고 싶은 관계를 형성하는 과정을 브랜딩으로 정의했다. 관계의 시작은 관심에서 시작된다. 이렇게 보면, **브랜딩은 관계 맺고 싶은 대상에 관심을 기울이는 것부터 시작한다고 볼 수 있다.** 이처럼 개념은 간결하다. 그렇지만 좀처럼 행동으로는 옮기기 어렵다는 걸 잘 안다. 인생을 살아가는 것만으로도 매우 벅찬데, 세상 모든 것에 관심을 두는 건 불필요하다고 느낄 것이다. 그렇지만 자신이 대상의 고유함을 찾고 싶은 사람이라면 주위를 둘러보고, 관심을 기울여보자. 고유함은 내부에 깊숙하게 자리하고 있지만, 그곳에 가기 위한 열쇠는 내 손 안에 없을 수도 있다.

퍼스널 브랜딩을 시도할 때 어려움을 겪는 이들의 공통점은 모든 관심을 본인에게만 둔다는 점이다. 다른 사람은 안중에도 없다. 그러다 돈을 벌어야겠다고 마음먹으면 다른 사람들이 좋아할 만한 것을 고민하기 시작한다. 내가 만난 한 조각가는 자신의 잠재된 욕구를 따라가며 자연스레 작품을 창작해 왔다고 한다. 지금은 지자체의 창업 지원금을 받아 생계를 유지하기 위해 애쓰고 있는데, 처음으로 다른 사람이 무엇을 좋아하는지 관심을 두기 시작했다. 그 결과 귀여운 캐릭터 조각을 만들기 시작했다. 평소 하지 않던 시도라 그런지 그 과정에서 자기 자신이 사라진다는 느낌을 받았다고 한다. 자기 이야기를 표현하면서 동시에 다른 사람의 공감을 얻는 일이 이렇게 어려운 것인지 조금씩 깨닫고 있었다.

한 단계 더 나아가면, 다른 사람이 무얼 좋아하는지(Wants) 찾는 것보다 무얼 필요(Needs)로 하는지 찾는 것이다. 시야를 확장하는 데 도움이 될 것이라는 기대로 안전을 위한 손잡이 조각을 제안했다. 많은 어르신이 욕실에서 미끄러져 크게 다치는 사례가 많지만, 여전히 속수무책이라고 한다. 대부분 매끄러운 스테인리스 소재로 되어 있고, 노인의 손 크기에는 적합하지 않은 디자인이 많다. 미끄러지지 않도록 표면 소재를 연구하고, 어려움 없이 잡을 수 있는 직관적인 디자인으로 조각하여 손잡이를 완성한다면 시민들의 세금으로 모은 창업 지원금을 의미 있는 일에 사용할 수 있다는 점과 더 나은 공동체를 위해 노력하는 사람으로서 자부심을 느끼며 일할 수 있다. 나아가 이걸 필요로 하는 요양원이나 노인 복지 시설, 공공장소에 납품할 가능성도 있다. 이처럼 개인의 생존, 사회와의 공존을 함께 추구하는 사람과 브랜드는 사람들로부터 높은 인정을 받을 것이다.

우리가 남에게 관심을 기울이지 않을 때는 제한된 경험 범위 내에서만 결정을 내리게 된다. 젊은이들이 주로 카페를 창업하는 이유도 이와 유사한 배경에서 비롯된 것으로 보인다. 하지만 주변을 돌아보고 관심을 두고 관찰하다 보면 사회에 기여할 수 있는 선택의 폭이 확장된다는 것을 알았으면 좋겠다. 우리의 고유함을 발견하는 열쇠는 타인, 사회, 그리고 세계 안에 존재한다. 그리고 자신을 이해하려면, 자신이 속한 맥락, 즉 현주소를 파악하는 것이 필요하다. 자신을 느끼기 위해서는 다른 대상과의 상호작용에서 오는 감정을 인지하는 것이 중요하다.

유명한 정신의학자 칼 융(Carl Jung)의 이론에서는 '자아'와 '자기'라는 개념을 제시한다. '자아'는 평상시 인식하는 자신의 정체성을 의미하며, '자기'는 자신의 잠재력을 포함한 보다 포괄적인 정체성을 가리킨다. 자신의 정체성을 발견하는 여정은 단순히 '자아'에만 머무는 것이 아니라, 주변 세상에 대한 깊은 이해와 공감을 통해 '자기'를 찾아가는 과정이라 할 수 있다. 쉽게 말해, 자기도 모르는 잠재된 나를 깨우는 과정을 통해 고유함을 발견할 수 있다는 의미이다. 그 과정에서 외부에 관한 관심이 필수적이다. 이러한 배경으로, 관심을 바탕으로 한 대화가 무엇보다 중요하다.

프로젝트를 착수하면, 고객사의 의사 결정 주체나 그들로부터 권한을 받은 실무 담당자와 만나게 된다. 때로는 직접 그들을 방문하거나, 그들이 우리 사무실로 오기도 한다. 제한된 사전 정보와 상식을 발휘해 프로파일링한다. 이제 관심은 두말할 것 없이 기본 전제로 작용한다. 분석한 정보를 바탕으로 의상, 헤어스타일, 향, 액세서리, 그리고 개인 소지품을 준비한다. 효율과 생산성, 시대에 적합한 전문성을 요구하는 IT 중심의 기업이나 젊은 세대가 주도하는 스타트업에서는 맥북을 챙겨간다. 반면, 수학적 해석보다 인문학적 접근이 더 중요한 사회적 기업이나 비영리 단체에서는 쉽게 찢을 수 있는 작은 수첩과 펜을 챙겨간다. 오케스트라 단체와의 만남에서는 공연 의상에 익숙하면서도, 진중하고, 세련됨을 동시에 전달할 수 있는 검은색 의상을 선택하는 편이다. 마찬가지로 개념적 지식 전달이 주된 강의 내용일 경우

메시지에 집중할 수 있게 검은색 의상을 선택하는 경우가 많다. 사실 이분법적으로 구분하거나 일률적으로 접근하지는 않는다. 상황에 따라 조금씩 다른 것 같다. 이제는 논의 없이도 동료들과 손발이 잘 맞는 편이다.

　　그렇다면 이 모든 노력은 왜 하는 것일까? 대화하는 상대방의 호감을 얻을 확률을 높이기 위해서다. 호감과 공감을 통해 서서히 대상의 깊은 내면에 들어갈 수 있는 티켓을 얻는다. 그리고 그곳에서만 볼 수 있는 대상의 감정, 행동, 생각의 발자취를 따라가 본다. 이 과정에서 패턴을 이해하고 분석하는 데 이성적 사고가 필요하다. 그럼 대상이 지금까지 어떤 것을 중요하게 생각해 왔는지, 앞으로 어떤 방향으로 향하고 싶어 하는지 점점 더 선명하게 파악하게 된다.

　　단순히 대화의 내용에만 의미가 숨겨진 건 아니다. 눈빛, 제스처, 목소리의 음조와 강세 등 비언어적 요소에 숨은 의미도 만만치 않게 중요하다. 상당 시간 혼자서 또는 직원들과 고민을 많이 해 왔던 대표의 경우에는 답답함이 그만큼 해소되어 미팅 전에는 전혀 염두에 두지 않았던 얘기들도 들뜬 마음으로 하나둘 꺼낸다. 몇몇 고객은 브랜딩 회사에 일을 의뢰하러 온 것인지, 심리 상담을 받으러 온 것인지 헷갈린다는 말을 하기도 한다. 항상 본인의 마음을 스스로 챙겨야 살아남을 수 있는 개인 사업가는 애써 참고 참았던 뜨거운 눈물과 함께 감정을 밖으로 터뜨리기도 한다. 그 이유를 엿쭤보면, 대부분 대화 단계에서 했던 이야기들을 누군가와 한 번도 나눠본 적이 없다고 한다. 몇몇은 작정하고 마음의 선을 긋고 한정된 정보만 반복하여 전달할 때도 간혹 있다. 그러면서 본인이 속한 조직의 아이덴티티를 찾아 완성도 높은 디자인을 만들어달라고 요구한다. 이런 경우가 모든 프로젝트 중에서 가장 힘든 사례다.

각 대상이 가진 고유함에 다가가는 과정은 미묘하고, 신비롭다. 그렇게 발견한 고유함은 그 자체로도 아름답고 숭고하다. 매번 어떤 이야기를 듣게 될지 생각만으로도 흥미롭다. 그렇다. 나는 이 시간이 즐겁다. 의미 있다고 생각한다. 누구든 할 수 있지만 누구나 허락받을 수 있는 건 아니기 때문이다.

전략 수립(Strategy) 단계

대화를 마치면, 사무실에서 동료들과 토론이 시작된다. 드디어 각자의 다양한 관점이 빛을 발하는 순간이다. 어떤 대목이 고유한지, 그렇지 않은지에 대한 의견을 나누다 보면 각자가 놓친 빈틈이 채워진다. 나아가 브랜드가 속해 있는 시장과도 대화가 필요하다. 요즘엔 시장의 여러 플랫폼에서 소비자의 진실한 반응을 확인할 수 있다. 그들이 남긴 흔적을 하나둘 살펴보고, 브랜드 맥락에 적용할 만한 단서를 찾는다. 이렇게 방대한 데이터 중에서 유의미한 단서를 발견하고, 사업의 방향성과 조화를 맞추는 일이 전략 수립 단계이다.

브랜드 메시지(Verbal) 정립 단계

말하지 않으면 아무도 모른다. 말해도 매력이 없으면 금세 잊힌다. 맥락을 매력적으로 재해석하고, 브랜드의 정체성을 문자로 정의하는 것이 바로 브랜드 메시지(Verbal) 정립 단계이다. 다시 말해서, 고객이 눈에 보이지 않는 고유함을 빠르게 파악하고, 깊이 공감할 수 있게 대화 과정에서 수집한 단서들을 연결하여 브랜드의 맥락을 구성한다. 업계에서는 브랜드 스토리, 슬로건, 비전, 미션, 철학, 원칙 등으로 불리는 이 개념을 브랜티스트는 포괄적으로 이해한다.

브랜드 이미지(Visual) 정립 단계

이쯤이면 머릿속이 혼란스러울 수도 있다. 안심해도 좋다. 브랜드는 복잡하게 소비되지 않는다. 우리 주변만 둘러봐도 심오한 철학적 이론을 담아 메시지를 전달하는 브랜드가 있는가?

사람은 단순히 머리로만 느끼는 존재가 아니라 몸 전체로 감각하는 존재에 가깝다. 백문이 불여일견이다. 이미지로 구성된 세계관은 복잡한 개념도 쉽고, 빠르게 이해할 수 있게 해주며, 오랜 시간 기억하게 한다. 이것이 바로 네 번째 단계인, 브랜드만의 이미지를 연구하고 개발하는 아이덴티티 구체화, 브랜드 이미지 정립(Visual) 단계다. 많은 사람이 내가 하는 일을 상상할 때, 이 단계에서 도출된 결과물을 떠올린다. 로고, 색상, 선과 점, 크기와 같은 디자인 요소들과 폰트, 질감, 패턴, 무드 등이 여기에 포함된다.

브랜드를 사람으로, 브랜딩을 서로의 만남으로 비유해서 좀 더 이해하기 쉽게 설명해 보겠다.

누군가를 만날 때,

당신은 그의 이름(Brand Name)을 부릅니다.

얼굴(Logo)을 보고 표정(Logo Variation)을 봅니다.

목소리(Typeface)를 듣고

그의 스타일(Color, Texture, Mood)도 봅니다.

디테일(Design Element)마저 마음에 듭니다.

조금 뒤엔 그의 이야기(Context)를 듣습니다.

그중 한 문장(Slogan)이 기억에 남아

당신의 마음을 움직입니다.

그 사람과 다시 만나고 싶겠죠.

아마 그도 그럴 거예요.

브랜드 경험(Brand Experience) 설계 단계

마지막으로 다섯 번째 단계는 고객과의 만남을 준비하고 관계 맺는 일이다. '누군가와의 만남'이 이루어지는 매개체(연결 고리)를 만드는 일이라고 할 수 있겠다. 홈페이지, SNS, 인테리어, 패키지, 명함, PPT, 영상, 캐릭터 등이 이에 해당하며, 업계에서는 디자인 애플리케이션(Design Application)으로 통칭한다.

　　이 단계에서는 브랜드를 사용하는 사람들의 경험에 중점을 둔다. 사용자 경험(UX, User Experience)이라는 개념으로, 이를 중요하게 생각하는 대표적인 브랜드로 애플(Apple)을 꼽을 수 있다. 제품과 서비스의 경험을 설계하는 일이 UX라면, 조금 더 넓은 범위에서 제품과 서비스를 포함한 브랜드의 전반적인 경험을 설계하는 일은 BX(Brand Experience)이다. 그리고 브랜딩, 마케팅, 평가, 리뷰, 문의 등을 포함하는 가장 포괄적인 개념은 CX(Customer Experience)이다. 이 모든 개념의 공통된 목표는 더 나은 사용자 경험을 제공하는 것이다. 명함만 하더라도 단순히 멋진 디자인과 좋은 품질의 종이를 찾는 노력 이전에, 누군가를 만날 때 상대방에게 감동이나 즐거운 경험을 주는 방법에 대한 고민이 필요하다.

　　B2B 거래를 하는 브랜드는 특히 영업을 중요시한다. 브랜드의 제품, 서비스를 효과적으로 소개한다면 영업의 성공률은 높아진다. 영업의 첫 만남은 대개 명함을 주고받는 것으로 시작된다. 이 행위는 이제는 너무나 자연스러운 나머지 의미가 퇴색되

어, 형식만 남아버린 것 같다. 우리에겐 명함에 표시된 로고를 통해 자신의 브랜드를 소개할 기회가 있다. 로고는 브랜드의 얼굴과 같다. 단순히 얼굴만으로 사람을 판단할 수 없지만, 얼굴을 보면 많은 것을 알 수 있다. 호감과 신뢰감은 얼굴을 마주하는 순간 0.1초 만에 느낄 수 있다고 한다. 이런 현상을 '초두 효과(Primacy Effect)'라고 하는데, 처음에 좋은 인상과 신뢰감을 느낄 경우, 오랫동안 기억에 남고, 그 이후의 대화에 더 귀 기울이게 된다는 주장이다. 명함을 전달하며 브랜드를 소개할 때의 눈빛, 적절한 제스처, 목소리의 톤까지 더해지면 브랜드를 대하는 태도도 알 수 있다. 이 모든 게 15초 안에 이루어진다. 그다음부터는 마음 놓고 대화의 진도를 나갈 수 있다. 그리고 본론을 이야기할 충분한 시간을 확보할 수 있다.

브랜티스트를 예로 들어 보자. 브랜드 심볼, 지문으로 소개를 시작한다. 지문은 개인마다 고유한 패턴을 가지고 있다. 그래서 나와 너를 구분할 수 있다. 그러나 대부분 사람은 자신의 지문이 어떻게 생겼는지 들여다본 적도 없어 모른다. 게다가 확인할 필요성을 느끼지 않는다. 그래서 구체적으로 그리지도 못한다. 개인을 포함한 기업과 기관, 단체도 마찬가지다. 이 부분이 시장의 이슈이다.

솔루션은 시장에서 주목받고, 인정받는 지문을 그대로 가져오는 게 아니라 내상의 지문에 주목하고 심층적인 접근을 통해 수면 위로 드러나도록 돕는 것이다. 그리고 그에 맞는 색을 연구하여 입힌다. 즉, 시각화하는 작업을 한다. 이런 방식이 시장성과 성장성을 동시에 획득하는 본질적인 방법이라고 생각하기 때문이다. 브랜티스트는 여러 차례 명함으로 덕을 많이 봤다. 여러 업체를 비교하기 위한 목적으로 가볍게 참여한 고객사도 첫인상부터 뭔가 다른 느낌을 받았다는 말을 종종 한다.

비교적 단순한 명함부터 복잡한 공간 디자인까지 그냥 하는 건 없다. 브랜드를 접하게 될 사람들이 받게 될 인상을 상상해 보며 매개체를 만드는 일이 브랜드 개발의 마지막 단계이다.

대상

누구에게 필요한가

"저는 브랜딩이고 마케팅이고 필요 없이, 내가 하는 일에 집중하고 싶어요. 저를 찾아오시는 고객분들에게 일의 결과물로 보답하고 싶어요. 전 일하면서 고객분들과 만나는 일이 즐거워요. 그래서 지금이 만족스러워요. 돈도 많이 벌 욕심이 없고, 고객이 더 많아야 된다는 욕심도 없어요. 그래도 브랜딩이 필요한가요?"

이미 1년 이상 예약으로 가득 찬 사진관을 운영하는 대표와의 인터뷰 중 한 대목이다. 이 이야기를 듣는 순간, 50년간 대구 불로 시장에서 장사하신 외할머니가 생각났다. 설득이라면 나름의 자신 있는 손자는 할머니에게 브랜딩이 필요한 이유에 대해 말하기 시작했다. 결과는 안 봐도 훤하다. 할머니는 내가 하는 언어의 절반 이상을 알아듣지 못하셨다. 사실 할머니는 전혀 궁금하지 않으셨다. 흔하지 않지만, 이렇게 말씀하시는 분들을 간혹 만난다. 세상의 기준이 아닌 스스로가 세운 가치관으로 매일을 살아가는 사람이자 자존과 자족하는 삶을 선택하는 사람이다. 역설적으로 이런 분이 운영하는 브랜드일수록 브랜딩이 필요하다.

첫 번째 이유는 브랜딩은 운영자가 만나고 싶은 '관계의 생태계'를 만들기 때문이다. 행복한 인생을 떠올릴 때 꼭 빠지지 않는 것이 있다. 바로 '우정'과 '사랑'이다. 불행한 인생을 떠올릴 때 꼭 빠지지 않는 것이 있다. 그것도 '우정'과 '사랑'이다. 두 가지의 갈래는 개인의 경험에 따라 종이 한 장 차이로 달라진다. 우리는 자신과 '결'이 맞는 친구와 애인을 찾기 위해 갖은 노력을 다한다. 그럴수록 내 인생이 지금보다 행복해질 것이라고 직감하기 때문인 것 같다. 브랜드도 콘셉트가 확실할수록 그 브랜드와 결을 같이 하는 사람들이 모이게 된다. 미국의 대표적인 스트릿 브랜드 슈프림(Supreme) 티셔츠를 입는 사람들과 폴로 랄프 로렌(Polo Ralph Lauren) 티셔츠를 입는 사람들을 떠올려 보자. 사회적 편견과 시선을 당당히 뿌리칠 것 같은 힙쟁이들은 슈프림, 사회적 질서를 지키는 것을 매너로 여기는 신사는 폴로에서 찾기 쉬울 것 같다.

운영자의 지인을 제외하면 사진관을 찾아오는 사람들의 결은 제각각이다. 오픈 초기엔 인스타에 올린 사진 결과물이 주로 젊은 여성들이었기 때문에 방문 고객도 대부분 젊은 여성층이었다. 하지만 아이와 함께 찍은 가족사진을 올린 이후부터는 방문 고객 중 대다수가 가족 단위다. 문제는 이러한 변화가 운영자의 의도와는 다르다는 점과 인구통계학적 분류가 고객들의 결을 설명하지 못한다는 점이다.

의외로 직장인이 아니더라도 '일'과 '자신'을 구분하는 경향이 브랜드 운영자들 사이에서도 자주 발견된다. 브랜드를 하나의 인격체로 바라보고 나의 성장과 브랜드의 성장을 동일시한다면, 자연스럽게 시너지가 날 수 있는 브랜드 파트너와 결이 맞을 것 같은 고객이 떠오른다. 가끔 운영자에게 만나고 싶은 고객의 특성을 여쭤보면, 무심결에 남녀노소 모두가 고객이 되었으면 좋겠다는 대답이 돌아오곤 한다. 단순히 돈을 벌어다 주는 수단으로 브랜드를 바라보는 견해이다. 어떤 업계에서든 장기적으로 볼 때, 브랜드를 찾아오는 사람들의 숫자보다 브랜드를 애정하는 농도 짙은 팬이 더 중요하다.

두 번째 이유는 고객들이 운영자로부터 느끼는 긍정적인 점들을 브랜드 전반에 걸쳐 경험할 수 있기 때문이다. 사진관의 대표는 묘한 능력을 갖추고 있다. 고객이 자신의 존재 자체에 감사함을 느낄 수 있도록 잠재된 인간미를 끌어내는 능력이다. 이쯤 되면 사진을 찍고 싶어서 찾아오기보다는 존재감을 다시 한번 확인하고 싶은 마음에 찾아오는 것 같기도 하다. 이것이 내가 관찰한 이 사진관의 비결이다.

문제는 체인 사업을 시작한 이후로는 고객이 본점에서 느꼈던 것과 같은 경험을 하지 못한다는 것이다. 그리고 대표가 본점을 비울 때도 고객은 이전과 같은 경험을 하지 못한다. 브랜드는 더 많은 걸 담고 있다. 사진관 예약 3일 전에 받는 알림 메시지, 엘리베이터를 내려 갈라진 길을 마주할 때, 하얀색 석고보드로 마감된 무색무취의 상가 통로를 지나 사진관 입구 문을 열 때, 촬영 전 대기하며 공간을 둘러볼 때, 그리고 집에서 사진과 액자가 담긴 패키지를 열어볼 때까지, 이 모든 순간에 사진관 대표로부터 느꼈던 경험을 직·간접적으로 느낀다면 고객의 만족도가 높아질 것이다. 이는 운영자에게 일하는 보람으로 이어진다. 무엇보다 고객이 사진관을 브랜드로 인지하는 동시에 인정하게 된다.

얄 사업의 현 상태를 유지하고, 그 이상의 부가 창출을 원하지 않는 이들도 있다. 브랜딩이 수입 극대화를 목적으로 하기도 하지만 조금 다른 각도에서, 자신이 지금 좋아하는 일이 10년, 20년 후에도 여전히 좋아하는 일로 남아 있을 것인지 물어보면 쉽게 대답할 수 있는 사람을 찾기 어렵다. 자신이 좋아하는 일을 꾸준히 이어나갈 수 있으면 더 좋지 않을까?

시장 변화나 자신의 마음 변화에 상관없이, 내 의지대로, 내가 좋아하는 방향으로 이어 나가는 것이 중요하다고 생각한다. 이것이 바로 브랜딩의 숭고한 목적이라고 생각한다. 오랜 시간 동안 자신이 좋아하는 일을 자신이 좋아하는 방식으로 만들어 가는 것, 시간의 운명에 맡기지 않고 내가 운명을 만들어 가는 것, 주체적인 삶을 살아가며 본질적인 기쁨을 얻을 수 있는 것이 브랜딩이라고 생각한다. 그래서 삶의 기술이자, 삶의 기본이다. **브랜딩은 좋은 삶을 살아가는 방식 그 자체이다.**

조이 서촌에 '모호 스페이스'란 곳이 있다. 이 매장은 위치부터 애매모호하다. 집도 아니고 상가도 아닌 곳에 자리 잡고 있어, 사람들은 그곳을 찾아가는 과정부터 모호함을 느낀다. 공간 내부로 들어가면 더하다. 흔히 볼 수 있는 편집숍이나 소품숍에서 판매하는 것들과 달리, 이곳에서는 무엇을 파는지 겉보기에 쉽게 이해하기 어렵다. 예를 들어, 돌멩이나 지푸라기를 판매한다. 기능적인 역할이 모호한 제품들은 사장님의 설명을 통해 쓸모를 찾게 된다. 돌멩이를 가지고 마사지 도구로, 또는 책을 읽는 경험을 더 즐겁게 만드는 문진으로 사용될 수 있나.

특히 돌멩이에 기운을 불어넣어 명상하는 것이 신기했는데, 내면의 부정적인 것들을 솔직하게 털어놓을 수 있는 작은 존재로 기능한다. 이제 돌멩이를 보면, 옛날 원주민들이 자연물을 바라보는 관점인 토템 신앙이 떠오른다. 이러한 것들은 지금의 일상에서는 쉽게 경험할 수 없는 것들이다. 사장님의 캐릭터도 모호함 그 자체이다. 겉보기에는 곳곳에 묘한 기운의 타투가 있는 까칠한 마녀 같은 느낌을 주지만, 실제로는 아주 따뜻하고 친절한 분이다.

결국, 브랜드 운영자가 자신이 좋아하는 일을 하면, 저절로 그 사람과 닮은 브랜드의 특성을 갖게 되는 것 같다.

❶
불가능성으로 타오른 가능성

온라인 예술 축제 강의 협업 기획

Who	Problem	Solution
예술이 세상을 바꿀 수 있다고 믿는 예술옹호론자.	문화, 예술 분야의 사람들을 대상으로 새롭고 참신한 온라인 강연을 하고 싶어요.	예술로 꿈을 이루는 것이 불가능하다고 생각하는 사람을 대상으로 '불, 가능성의 축제' 라는 제목과 성냥을 심볼로 삼아 강연의 세계관을 확장합니다.

브랜티스트는 브랜드를 단순한 상업적 대상으로만 보지 않는다. 예술적인 가치가 있는 창작물로 바라본다. 결과적으로, 예술이 가지고 있는 인간 중심의 가치, 감성적 가치, 미학적 가치를 담은 브랜드를 만들게 된다. 지금의 철학이 정립된 배경에는 나와 동료들이 오랜 시간 동안 예술에 관심을 많이 두고 있었기 때문인 것 같다. 가깝게 지내는 관계의 상당수도 예술과 관련된 분야에서 일하는 사람들이다.

특히 긍정적인 시너지를 발휘한 관계 중 하나는 문화 예술계의 인싸 '널위한문화예술'의 이지현 공동대표와의 협력이었다. 지현은 문화와 예술을 보다 쉽고 재미있게 접근할 수 있는 방법을 고민하는 사람이다. 하루는 지현이 온라인 강연을 하고 싶다고 말했다. 그것도 새롭고 참신하게. 자세히 들어보니 코로나로 어려운 시기를 보내고 있는 문화, 예술 분야의 사람들을 위해 조금이라도 도움을 주고 싶어하는 마음이 늘 있었던 것이다. 당시 지현이 중요하게 생각했던 개념은 'Giver(기부자)'였다. 나에게 주어진 능력으로 세상에 기여하는 사람은 이후에 더 큰 영향력을 갖게 되고, 다시 그 영향력을 세상에 기여하는 선순환이 만들어진다는 개념이다. 우리가 함께 기획한 강연 주제는 다채로운 스타트업에 관한 이야기이고, 강연 목적은 예술계 스타트업의 사례를 통해 예술 분야에서 겪는 어려움을 살펴보고, 이러한 어려움을 극복하고 발전시키는 방법을 탐구하는 것이다.

"예술, 그거 돈이 됩니까?"

예술로 꿈을 이루는 것이 불가능하다고 바라보는 시선을 바꾸고 싶어하는 사람들을 모았다. 그들의 의지에 불을 지펴 예술의 가능성을 발견하자는 의미를 담은 브랜드 '불, 가능성의 축제'를 만들고, 이어서 '성냥'을 심볼로 하여 강연의 세계관을 전개했다. 여기서 끝이 아니다. 쉽게 꺼지지 않고 활활 타오르기 위해 주변에 불씨를 퍼뜨리는 개념을 '기부'라는 경험으로 연결했다. 잠가자의 강연비로 선물을 준비했는데, 자신이 응원하고 싶은 친구의 카카오톡 아이디를 남기면, 자신의 이름으로 친구에게 선물을 제공하는 방식이다. 그리하여 분위기를 환기하고 희망을 전하는 축제 같은 강연이 시작됐다.

플랫폼 광고 한 번 없이, 목표했던 500명이 참가했다. '불'이라는 키워드를 통해 전통적인 강연의 틀을 벗어날 수 있었다는 것과 이 키워드로 구성된 세계관과 강연 내용 덕분에 참가자 모두가 자신의 마음을 다시 한번 확인하고, 주변에 용기가 필요한 이들과 함께해야 한다는 마음가짐을 갖게 되었다는 것이 또 다른 선물이 되었다. 누구나 한 분야에 몰두하다 보면 전문성은 깊어지지만, 동시에 시야가 좁아지고 있다는 걸 느껴본 적이 있을 것이다. 바로 새로운 시도를 하거나, 나와 다른 세계에 사는 사람과의 대화를 나누면, 내가 사는 세상이 좁다는 걸 느끼고 더 넓은 세상을 꿈꾸게 되는 것 같다. 이 프로젝트는 나에게 그런 시간을 안겨준 선물 같은 프로젝트이다. '오늘의 축제로 가능성은 확인되었고, 시도는 나의 몫으로 남겨졌다. 용기를 내자!' 강연이 끝나고 받은 가장 인상적인 피드백이다.

얄
—
작은 성냥이 짧은 시간 내에 금방 타버리는 것처럼, 전 인류의 역사에서 한 사람의 인생은 하나의 성냥이 타오르는 것만큼이나 짧다고 생각한다. 그래서 사람들은 보통 성냥이 타오르는 짧은 시간을 기억하거나 그 시간을 늘리기 위해서 사진과 영상을 찍고 박물관에 기록을 남기거나, 또는 자신이 붙였던 불을 다른 사람에게 옮기기도 한다. 나는 이런 방식으로 사람들이 시간을 살아가고 있다고 본다.

사실 개인의 작은 시도들이 세계를 변화시키거나 인류의 혁신을 이끌거나 예술계를 뒤흔들지는 않는다. 하지만 인류 전체로 본다면, 그것이 바로 혁신이 아닐까? **80억 명이 하루에 하나씩 작은 시도를 한다면, 큰 불은 아니더라도 따뜻한 불은 될 수 있을 것이다.** 어차피 살아가는 거, 불을 지펴보자. 죽기야 하겠나. 난 그런 생각으로 살아간다.

조이 이 프로젝트는 사이드 프로젝트로 시작되었다. 여유가 많아서가 아니라, 더 나은 삶을 향한 강한 욕구에서 시작되었다. 나 역시 본업만 하더라도 조금의 틈을 만들기 어렵지만, 사이드 프로젝트를 할 때 더 큰 행복을 느낀다. 올해는 '잘 먹고 잘 살자'라는 제목으로 각 월의 제철 재료를 손으로 그린 달력을 만들었다. 내 주변 사람들이 사계절을 이해하고, 건강한 식사 시간을 누렸으면 하는 마음에서다. 달력은 일주일이 채 되지 않아서 완판되었다. 수익금 전액은 서대문지역 아동복지센터로 기부되어, 국가의 도움이 필요한 아이들의 먹거리, 놀거리로 쓰였다. 이렇게 많은 사람이 나를 응원해 줄지 몰랐다. 의외라서 더 기뻤다. 먹는 것보다 자는 게 더 중요한 나에게 평소 일어나는 시간보다 2시간 일찍 일어나는 '미라클 모닝'은 말 그대로 기적이다.

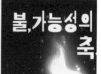

❷

9급 공무원의 꿈

교육부 중앙교육연수원 브랜딩 강연

Who	Problem	Solution
브랜딩에 관심 없는 9급 공무원.	브랜딩이 제 업무에 도움 되는지 알고 싶어요.	브랜딩 관점을 통해 얻을 수 있는 자신만의 업무 스타일과 능력을 이론과 실습을 통해 경험을 제공합니다.

공무원도 브랜딩이 필요한가? 기름기 빼고 결론만 얘기하면, 그렇다. 돈을 벌기 위해서 공무원이 되겠다고 결심한 분들은 한 명도 없었다. 대부분 업무 환경에 큰 변화 없는 안정적인, 그리고 스트레스 덜 받으며 편한 직업이라 생각해서 선택했다고 한다. 안타깝지만 현실은 조금 다른 걸 알게 됐다. 첫째, 한 가지 업무만 꾸준히 잘하면 됐던 과거와 달리 요즘엔 여러 개 업무를 동시에 맡는 경우가 많다. 설상가상으로 업무를 창의적인 시각에서 해결하라는 요구도 적지 않다.

둘째, 과거엔 공공의 책무와 권한에 따라 사회의 인정을 받았던 공무원이 예전만큼 대우받지 못한다. 더 큰 문제는 전문성도 인정받지 못한다. 붕어빵도 30년이면 〈생활의 달인〉에 나온다. 공무원 30년이면 어떤 전문성을 인정받을 수 있을까.

셋째, 내가 애써도 조직도 프로젝트도, 사람도 좀처럼 바뀌는 게 없어 무기력해지는 것이다. 갓 공무원에 합격한 신입의 의지는 결코 약하지 않다. 하지만 이후 어느 정도 업무에 익숙한 직위가 되면 신입의 마음가짐에서 벗어나 시키는 대로만 하게 되는 경향이 있다고 한다. 강연을 통해 강산이 변하진 않겠지만 미세한 공기의 흐름 정도는 변화될 수 있다고 믿는다.

브랜딩은 브랜드다운 기준을 정하는 일이다. 우선 브랜드다움을 정의하면 어떤 게 우리에게 가치 있는 일인지 판단하는 기준을 세우기 유리하다. 공무원에게는 주어진 사업의 기준을 정하는 일과 같은데, 기준이 명확할수록 일을 빠르고 정확하게 처리할 수 있다는 장점이 있다. 한마디로, 편안하고 안정적인 업무 환경을 마련하게 된다. 또 다른 방법은 세계관을 하나의 이미지로, 한마디로 표현하는 것이다. 강하게 기억되는 브랜드들의 공통점은 세계관이 존재한다는 점이다. 쉬운 표현으로, 그것만의 느낌이 있다. 여러 개의 요소가 따로 놀지 않고 하나의 느낌을 향해 움직일 때(Synchronize) 특히 잘 드러난다.

충주시 공식 유튜브 채널, 〈충TV〉는 구독자가 60만을 돌파했다. 이 중심에는 '충주맨'이 있다. 공공기관이 운영하는 채널은 우리의 관심과는 거리가 멀고 지루할 것 같은 고정관념이 있는데, 이걸 'B급 세계관'으로 유쾌하게 깨뜨렸다. 의도적으로 기관의 권위를 떨어뜨려, 시민들과 가까워졌다. 세계관 아래에서 트렌드하고, 파격적인 이미지와 메시지를 적극적으로 사용한다. 그 덕에 충주에서 생산한 농산물과 시장은 전국적인 관심을 받게 되고, 코로나 시기에 시행했던 거리두기 캠페인을 거부감 없이 받아들일 수 있었다. 아무리 애써도 아무것도 바뀌지 않는 경험을 한다면, 내가 밤낮 고민한 흔적들을 하나의 이미지로 표현해서 비교적 쉽게 문제를 돌파할 수 있다(단, 그 표현들이 남다를 필요가 있다).

이번 강연은 공무원이 직면하는 실질적인 과제에 브랜딩이 어떤 긍정적 역할을 할 수 있는지에 대한 공감대 형성에서부터 시작되었다. 브랜딩의 기본적인 쓰임새와 의미를 설명한 후, 9급 공무원이 브랜딩 관점에서 과제를 해결할 때 얻을 수 있는 유익한 점들을 연결지어 설명했다. 결론은 허락받는 공무원이 아닌 설득하는 공무원이 되는 것. 다시 말하면, 제한된 권한에 머무르는 것이 아니라, 주체적으로 생각하고 판단하여 자신의 업무에 만족하고 사회에 기여하는 9급 공무원이 되는 것이다. 처음에는 다소 거창해 보일 수 있지만, 실습으로 쉽게 그 가능성을 엿볼 수 있었다.

강연에 참석한 분들은 대학 기관에서 일하게 될 공무원이다. 강의 제목은 〈아이디어 뱅크가 되는 법〉으로 각 조가 은행처럼 어떤 사업에 투자할지 결정하는 것이다. 즉, 그 투자처가 하나의 주제인 것이다.

1. 실습에서는 6명이 한 팀을 이루고, 가상의 의사 결정자 역할을 부여한다.
2. 우리는 사전에 세 개의 코인 안에 각각 책(교육), 나무(캠퍼스 환경), 카메라(홍보) 그림을 그려 넣는다.
3. 참가자들이 각 팀의 주제를 선정하도록 하여 대학 발전을 위해 어디에 투자할 것인지 고민한다.
4. 30-40분이라는 짧은 시간 내에 선정한 문제를 해결하기 위한 슬로건을 정해진 종이 위에 그린다.

이틀 동안의 강연과 실습을 통해, 150명의 9급 공무원분들은 성인이 되어 한 번도 사용해 보지 않은 두뇌를 풀가동했다. 크고 하얀 백지가 진정성 있는 메시지와 창의적인 표현법으로 가득 채워졌다. 그리고 전문 기획자 못지않은 자신감으로 각 팀의 발표를 선보이며 강연을 장식했다. 공무원들의 고정관념이 지워질 정도로 멋진 과정과 결과였다. 아마 생각지 못한 반전일 것이다. 이렇듯 누구든 브랜딩이 필요한 순간이 있다.

안타까운 시대 정서라고 생각하지만, 대부분의 사람은 공
무원의 사고가 갇혀 있고, 업무 효율이 굉장히 낮다고 생
각한다. 나 또한 오와 같이 강연을 준비할 때 이런 편견이
전혀 없었다고 말할 수 없다. 하지만 강연 후에 알게 된 사
실은, 공무원들이 효율을 의도적으로 저하시키려는 것이
아니라, 자신이 생각한 제안이 받아들여지지 않을 것이라
는 두려움을 가지고 있다는 것이다. 이러한 두려움은 다
른 직업군에 비해 훨씬 커 보인다. 강연 마지막에는 실습
시간을 가졌고, 이런 가정을 제시했다. '여기에 계신 분들
이 9급 공무원이 아니라 프로젝트를 제안할 때 방향성을
제시하는 이사진이라고 가정하고 실습해 보자. 프로젝트
구현과 실행 등 머리 아픈 일들은 다른 분들이 다 해 줄 것
이다.' 그러니까 이분들이 시작하셨다. 자신의 이야기가
반영될 거로 생각하며 과감하고 순수해졌다. 불편한 부분
(Needs)을 발견하고 해결책(Solution)을 진지하게 고민하는 모
습도 보였다. 아주 이상적인 모습이었다. 만약 공무원들
이 오늘처럼 둥근 테이블에 모여서 서로의 머리를 맞대고
하나의 문제를 해결하기 위해 노력한다면, 이상적인 사회
가 그리 멀게만 느껴지지 않을 것이다.

조이 공무원뿐만 아니라 일반적인 회사에서 일하는 친구들과
의 대화에서도 비슷한 감정을 느낀다. 그들에게 브랜딩의
세계를 소개하고, 이 관점에서 대상을 바라보는 경험을 함
께 한 이후, 그들은 알에서 벗어나기 위해 노력하기 시작

했다. 여기서 '알'은 그들이 이미 익숙해진 평범한 업무 환경을 의미한다. 알을 깨고 나오는 과정은 쉽지 않지만, 알을 벗어난 삶은 더 자유롭고 즐거움을 경험하게 될 것이라는 사실을 알게 될 것이다.

누구든 브랜딩이
필요한 순간이 있다.

❸

인류 최초의 피부 탐사

스킨케어 브랜드, 오르빛

Who	Problem	Solution
AI 기술과 빅데이터 회사.	빅데이터를 활용해 개인별 피부 타입에 따른 맞춤형 서비스를 제공할 계획이에요. 설명이 필요 없는 직관적인 브랜드를 만들고 싶어요.	인류의 미래를 위해 우주에 존재하는 행성을 탐사하는 것과 같이 더 나은 피부 건강을 목표로 '인류 최초의 피부 탐사' 프로젝트를 시작합니다.

브랜딩 업계에서 일하다 보면, 다양한 사업을 접하게 되고, 이 과정에서 세상에는 정말 다양한 방법으로 돈을 버는 사람이 많다는 것을 알게 된다. 사업 아이디어를 구상하는 사람이 있으면, 그 아이디어를 실제로 만들고, 구현하는 것은 디자이너의 일이다. 그러다 보니 브랜드 디자이너는 항상 최신 산업 트렌드의 최전선에 서 있다고 볼 수 있다.

어느 날, 화장품 브랜드 개발을 요청받았다. 하지만 고객사는 화장품 회사가 아니라 빅데이터 회사였다. 회사는 코스메틱 시장의 규모와 성장 속도와는 다르게 고객들이 올바른 지식과 정보를 가지고 있지 않다는 문제를 발견하고, 빅데이터를 활용해 어떤 피부 타입에도 맞는 솔루션을 제공하는 것을 목표하고 있었다. 이렇게 대표는 문제를 심도 있게 고민하고 여러 측면에서 접근한 결과, 새로운 아이디어를 떠올릴 수 있었다. 새로운 아이디어는 이어서 새로운 사업으로 발전된다. 그리고 새로운 사업은 그에 맞는 새로운 세계관이 필요하다. 이때가 크리에이티브가 필요한 순간이다. 브랜드 아이덴티티를 처음부터 구축하고, 시장에 새로운 메시지를 전달하는 독창적인 접근이 필요하기 때문이다.

제품과 서비스를 직접 경험해 보고, 직원부터 결정권자까지 인터뷰를 진행했다. 화장품에 관한 여러 논문도 함께 살펴봤다. 그 결과 알게 된 것은, 피부에 정답은 없다는 것이다. 정답은 자신에게 있다. 매일 변화하는 개인의 피부 데이터가 정답을 제시할 수 있다는 점이 이 사업의 핵심이다. 정확하게 명시하지는 않지만, 화장품의 구성이 다양하고, 사용 빈도가 높을수록, 특히 그것이 합성 성분을 포함한 화장품이라면 피부 미생물 군집의 다양성을 줄여 건강한 피부 생태계를 유지하기 어렵게 만든다. 그래서 화장품의 종류와 사용 빈도는 줄일수록 피부 건강에 좋다. 또 다른 한 가지는, 피부에 관심이 많은 사람의 경우 여러 가지 종류와 성분의 화장품을 한 번에 많이 사용하는 경향이 있다. 그리고 비싼 화장품이 피부에 더 좋을 것으로 생각하기 쉽다. 하지만 실제로는 그렇지 않은 경우가 많다. 이처럼 보편적으로 받아들일 수 있는 올바른 지식과 정보가 부재한 상태이다. 그래서 이 사업이 더욱 가능성 있다고 판단했다. AI와 빅데이터 기술은 데이터가 많아질수록 더 정확한 정보를 제공한다. 같은 원리로, 데이터가 많으면 많을수록 피부 건강에 더 도움이 된다는 결론에 도달한다.

지금까지 수많은 브랜드가 더 나은 피부 건강을 목표로 나름의 연구해 왔겠지만, 고객사가 목표를 향해 나아가는 방향은 확연히 다르다. 전통적인 화장품 시장이 모두에게 맞는 일반적인 솔루션을 제공하는 것과 달리, 과학과 기술을 기반으로 각 개인의 데이터를 피부 진단 디바이스로 수집한다. 수집한 데이터로 피부 비밀을 탐색하고, 비교 및 분석하여 현재 내 피부 상태에 가장 적합한 화장품을 단 5분 안에 제공함으로써 피부 건강을 새로운 차원으로 이끌어간다. 이렇게 사업 모델을 깊이 분석하고 정립하는 과정에서 사업에 꼭 맞는 세계관이 영감의 형태로 서서히 드러난다.

이번에 드러난 영감의 실마리는 닐 암스트롱의 '달 착륙 발자국'이었다. 이 발자국은 인류의 과학적, 기술적 발전을 상징하고, 불가능해 보이는 목표도 이룰 수 있다는 모험과 호기심, 그리고 새로운 가능성을 향한 도전을 의미한다. 이로써 '인류 최초의 피부 탐사'라는 미션과 '아직 해결하지 못한 인류의 피부 고민을 구원할 해결책을 찾는다.'라는 비전을 정립하고, 본격적으로 세계관을 구축하기 시작했다.

　　이 브랜드의 고유함은 두 가지 주요한 점에서 나온다. 하나는 각 개인에게 맞는 피부 솔루션을 제공한다는 것이고, 다른 하나는 화장품 회사가 아니라 데이터 기반의 회사라는 것이다. 이 두 요소를 반영하여 '오르빛(OREBIT)'이라는 이름이 만들어졌다. 피부 구원을 위한 탐사를 위해 '궤도에 오르다.'라는 의미와 데이터의 최소 단위인 비트(bit), 그리고 행성의 궤도를 뜻하는 'Orbit'을 결합하여 완성된 이름이다. 이걸 그대로 시각적으로 표현하면 기초 디자인(Design Element)이 완성된다. 비트는 0이거나 1이다. 그래서 '이진법 시스템'을 시각화했다. 그리고 행성이 탐험한 영역을 '색면'으로 채우고, 탐험이 필요한 미지의 영역을 '여백'으로 정했다. 궤도의 '곡선'을 시각화하고, 데이터의 출처를 밝힐 때 사용하여 텍스트의 정확성과 신뢰성을 높이는 '각주'를 시각화했다. 이 모든 노력은 과학적 정밀함과 동시에 개척 정신을 효과적으로 표현하기 위한 노력이다. 이 기준으로 명함과 패키지, 브랜드 필름, 콘셉트 사진 이미지를 완성했다. 그렇게 앞으로의 사업에 필요한 수많은 시각적인 결과물을 만들 수 있는 기틀이 마련되었다.

알
—　　오르빛은 병원 원장님들과 에스테틱 원장님들에게 소개되는 브랜드다. 그리고 그분들이 고객에게 어렵지 않게 소개할 수 있어야 한다. 그래서 우리가 선택한 표현 방법은 HUD(Head Up Display)다. 고개를 숙일 필요 없이, 필요한

브랜드 디자이너는
항상 최신 산업 트렌드의
최전선에 서 있다.

정보가 시각화된 디스플레이로 눈앞에 나타나는 첨단 기술로, 오르빛 브랜드의 경험을 체계적으로 전달하고 이 기술이 어떤 것인지를 직관적으로 시각화한다. 많은 사람이 어려운 것을 싫어하지만은 않는다는 사실을 고려할 때, 어려워 보이는 것은 오히려 궁금증을 자아내고 도전적으로 다가오게 만든다. 따라서 오르빛은 첨단 기술과 같은 표현 방법 아래 친절한 설명을 더해 피부의 미래를 이끄는 선도적인 브랜드로 고객을 인내하고 있다.

조이 나는 매일 산책을 한다. 늘 같은 길을 걸어도 시간과 계절, 함께하는 이에 따라 달라지는 새로운 경험을 한다. 산책 길에서 만나는 푸릇푸릇한 초록들과 잔잔하게 흐르는 홍제천의 물소리, 천을 따라 걷는 신난 강아지의 발걸음, 그 길을 함께 걷는 친구와 나누는 대화들이 매일의 영감이 된다. 자연 속에서 느끼는 이 모든 경험이 디자인 작업에 큰 영감을 주는데, 단순히 시각적인 요소를 넘어 공감각적인 경험으로 확장된다. 그래서 새로운 브랜드를 개발할 때면, 이미지들이 마치 영화처럼 떠오르며, 어울리는 색감, 질감, 온도, 소리까지 느낄 수 있게 된다. 오르빛의 브랜드 세계관은 닐 암스트롱의 달 착륙 발자국과 그 순간을 상상해보며 시작된 것처럼, 일상의 모든 순간을 아름답게 느끼고 특별하게 느끼다 보면, 또 어떤 새로운 이야기를 써 나갈지 아무도 알 수 없다.

다시 태어난 것 같은 기분

에스테틱 브랜드, 디프네

Who	Problem	Solution
미세 전류 기술로 피부 및 체형 관리를 돕는 사업가.	기존 테라피에 대한 편견을 없애고, 처음 경험하는 유니크한 프리미엄 브랜드를 만들고 싶어요.	손이 닿지 않는 깊은 곳까지 자극하는 기술을 '심해' 세계관으로 구축하여 브랜드로 개발하였습니다.

욕심나는 프로젝트가 있다. 프로젝트의 결과물이 보다 많은 사람에게 소개될 수 있을 때가 그렇다. 혼신의 힘을 다 할 수 있는 명분이 된다. 동료들의 노력과 역량을 인정받을 수 있고, 미래에 더 나은 프로젝트 기회를 얻을 가능성을 높여 주기 때문이다. 일반적으로 대기업이 1인 기업보다, B2C(기업과 소비자 간 거래) 비즈니스 모델이 B2B(기업 간 거래)보다, 블루오션 산업이 레드오션 산업보다 그 가능성이 더 크다.

이런 경우가 있다. 브랜드의 목표 고객층이 특정 지역 상권에 한정되어 있을 때, 프로젝트가 성공하더라도 그 결과물이 널리 알려지기 어려울 수 있다. 또는 지원 사업을 받는 걸 목표로 하는 브랜드는 저 멀리 있는 브랜드의 가치를 급급하게 찾을 때가 있다. 높은 확률로 의사 결정자들은 깊게 생각하기 어려운 상태에서 프로젝트를 의뢰하게 되고, 인터뷰 말미에서는 생각의 차이가 부족한 비즈니스 모델을 그럴싸하게 포장하는 일을 맡아야 하는 사실을 뒤늦게 깨닫게 된다. 결국 이런 사업은 브랜드로 자리 잡기도 전에 사라지게 된다. 지원 사업이 종료되는 시점과 비슷하다.

그래서 어느 순간부터 의뢰받은 브랜드의 시장성을 체크해 보는 시간을 갖기 시작했다. 비즈니스에 정답은 없다. 브랜딩 결과물이 아무리 훌륭해도 마케팅 퍼포먼스가 부족하면 실패할 수 있다. 또는 자본이 충분히 투입되지 않았거나 가격 책정 전략이나 대표와 구성원의 의지가 문제일 수도 있다. 이런 이유로 섣불리 판단할 수는 없지만, 판단을 생략해서 결과물이 빛을 보지 못하는 가능성을 되도록 줄여야 하는 게 나의 역할이다. 대부분 프로젝트가 짧게는 1개월, 길게는 1년이 소요될 정도로 기회비용이 큰 편에 속하기 때문이다.

어느 날, 1인 기업을 준비하는 젊은 대표가 프로젝트 의뢰를 해왔다. 비즈니스 모델을 요약하면 이렇다. 구매력이 높은 청담동에서 피부와 체형 관리를 중요시하는 고객을 대상으로 피부와 진신 마시지 서비스를 제공한다. 여기까지 들으면 큰 문제가 없어 보였다. 하지만 문제는 이어지는 이야기에서 발생했다. 마사지사가 특정 제품 위에 올라가면 몸 전체에 전류가 흐르게 되는데, 마사지사의 손으로 고객의 몸을 터치하기만 해도 몸속 깊은 곳까지 자극되어 혈액 순환과 근육 이완 효과가 있다고 했다. 단 한 번의 시도만으로도 근육량이 높아지고, 체지방 수치가 낮아진다고 주장했다. 이 대목에서 동료들은 자신이 들은 내용을 어떻게 받아들여야 할지 몰라 난감한 표정으로 서로를 바라봤다. 소위 말하는 '사짜'의 냄새를 물씬 풍겼기 때문이다. 결과물이 빛을 보지 못하고 사라질 것 같은 불길한 기운을 느꼈다. 팽팽했던 분위기가 갑자기 느슨해졌다. 그런 와중에도 대표는 진지함을 잃지 않았다.

마음을 가다듬고 다시 한번 시장성을 체크해 보았다. 먼저, 건강에 문제를 일으키지 않는 안전한 것인지 의심이 됐고, 원리와 효과가 과학적으로 증명이 되는 방법인지 궁금했다. 국내에 이런 브랜드가 단 하나도 없다는 것도 주춤하게 만들었다. 이는 시장이 없다는 뜻이기 때문이다. 낌새를 알아차린 대표는 프로젝트를 착수하기 전에 자신이 비용을 부담하겠다며 반드시 직접 경험해 봐야 한다고 강조했다. 그렇게 브랜티스트 전원은 청담동으로 초대받아 호기심과 의심을 안고 체험하게 되었다. 언제 내 몸을 이렇게 정성스럽게 돌보았던 적이 있었던가. 깊숙하게 뭉친 근육들이 꿈틀거리며 깨어나는 것 같았다.

한 시간 반이 흐르고, 로비로 다시 모인 우리의 얼굴은 탱탱하고 반짝였다. 그리고 멋쩍은 듯 웃고 있었다. "아, 나 다시 태어난 것 같아!" 동료들도 입을 모아 나와 같은 소감을 표했고, 그 것이 바로 브랜드의 슬로건이 되었다.

직접 경험과 듣기만 하는 것의 차이는 이렇게 크다. 동료 들의 눈빛이 달라진 순간부터 브랜드 개발은 날개를 달았다. 설 명이 필요 없는 확실한 세계관을 만들기 위해서 업에 대한 새로 운 정의와 창의적인 공간 구성, 업계에서 표현한 적 없는 새로운 메시지와 이미지를 고민하기 시작했다.

우리 몸에는 아주 미세한 전류가 흐르고 있는데, 심장 박 동, 근육 수축과 같은 생리적 작용에 필수적이라고 한다. 생각 해 보면, 통증을 줄이고, 근육 기능을 높여주는 물리치료에도 전 류를 이용하는 치료가 있다. 전통적인 마사지는 손이 닿는 부분 까지만 자극한다. 하지만 전류 마사지는 손이 닿지 않는 몸속 깊 은 곳까지 자극할 수 있다는 점이 고객에게 제공할 수 있는 가 장 큰 기능적 편익이다. 이러한 경험을 아직 발견되지 않은 미지 의 세계, '심해'를 탐험하는 것에 비유하여 브랜드 이름을 DEEP-ENE(Deep Energy)로 정하고 세계관을 구축하기 시작했다.

내부적으로 기존 업계에 종사하던 마사지사들의 고정관 념을 깨뜨릴 수 있는 비전이 필요했다. 과거 업계에서의 마음가 짐을 가지고 새로운 시장을 개척하는 브랜드를 운영한다면, 고객 역시 새로운 경험을 느끼기 어렵기 때문이다. 외부적으로는 비전 을 통해 고객과 투자자에게 이 서비스의 궁극적인 목적을 명확하게 전달함으로써 감정적 연결을 강화하고, 사업의 확장 가능성을 얻을 수 있다. '작은 에너지로 우리가 살아 있다는 느낌을 되찾아 주는 일'이 바로 디프네(DEEPENE)의 브랜드 비전이다. 브랜드의 비전은 브랜드가 가야 할 길을 명확히 지정하고, 그 길을 따라가는 동안 마음을 두근거리게 만든다.

고객이 세계관에 몰입하기 위해선 여러 장치가 필요한데, 디테일이 중요한 역할을 한다. 세심하게 기획된 디테일은 브랜드의 모든 접점에서 일관된 경험을 하도록 도와준다. 그중 하나가 언어이다. 우선, 마사지를 '테라피(치료와 관리)'라고 부르고, 마사지 공간을 '다이브(심해로 내려가는 행위)', 마사지사를 '버디(다이빙 과정에서 가까이에서 도움을 주는 역할)'로 부른다. 그리고 버디들이 쉬는 공간을 '서피스(수면 위)'로 부르기로 약속했다.

문자 언어 정립 다음 단계는 시각 언어 정립이다. 테라피 과정에서 버디의 손 모양에서 예리한 각도와 분명한 선이 이루어진 기하학적 형태를 발견할 수 있다. 마치 다이아몬드를 연상시킨다. 다이아몬드는 무엇인가? 지구의 맨틀 깊은 곳에서 강한 압력과 자극을 견뎌낸 끝에 탄생하는 아름다움이 바로 다이아몬드다. 여기에 미세 전류를 타이포그래피로 시각화하여 브랜드 로고가 완성되었다.

이어서 고객이 접하는 모든 시각물의 기초가 되는 디자인 요소(Brand Element)를 하나씩 개발하고 지정한다. 여기에는 숫자, 서체, 곡선의 곡률, 색상, 크기와 비율, 선의 두께 등이 포함된다. 이 작은 규칙들이 모이면 큰 힘을 발휘한다. 우리가 접하는 명함, 사원증, 서류 양식, 유니폼, 제안서, 포스터, 사진, 영상, 홈페이지와 키오스크의 UI/UX를 포함하여 이 모든 것들을 한번에 경험할 수 있는 공간을 상상하고, 설계한다. 나와 동료들이 경험한 것처럼, 서비스의 효용을 높이기 위해서는 서비스에 대한 회의감을 줄이고, 긴장을 완화시키며, 명상적인 태도가 필요하다. 이 때문에, 공간에 늘어서는 순간부터 다이브까지의 동선이 무엇보다 중요하다.

엘리베이터를 타고 지하로 내려가면, 마치 바닷속으로 들어가는 듯한 착각에 빠진다. 엘리베이터 문이 열리면, 깊고 짙은 푸른 단색광이 모든 것을 물들이기 때문이다. 점점 더 깊은 곳으로 나아간다. 어둡고 깊은 바닷속 너머에 반짝이는 빛을 따라가다 보면, 걸어갈수록 좁아지는 통로를 지나고, 비교적 넓은 라운지 공간에 도착한다. 벽면 전체를 감싸는 부드러운 빛 아래 키오스크가 덩그러니 서 있다. 간략한 브랜드와 서비스 소개 내용을 확인하고, 결제하는 순간, 자신이 선택한 버디의 안내를 받아 다이브로 이동한다. 다이브 내부는 이전의 공간과 다르게 따뜻한 빛과 향, 온도, 습도가 마음을 편안하게 하고, 명상할 수 있는 분위기를 조성한다. 이 모든 과정은 고객이 온전히 자신에게 집중할 수 있도록 프라이빗한 동선과 공간으로 설계되었다. 버디를 제외한 모든 것들은 디지털 터치(비대면)로 이루어져 철저하게 개인화된 경험을 제공한다. 버디의 안내를 받아서 이동하기 때문에 다른 고객과 마주칠 확률도 매우 낮다.

1회 서비스가 수십만 원에서 수백만 원에 달하지만, 몸매 관리에 관심 많은 유명 연예인부터 인플루언서, 재벌가, 해외 관광객까지 예약하기 힘들 정도로 인기가 많다. 이렇게 만들어진 브랜드의 세계관은 경쟁사가 동일한 제품을 확보하더라도 쉽게 도전할 수 없는 높은 진입 장벽을 만든다. 디테일한 장치가 이처럼 셀 수 없이 많아도, 고객 입장에서는 복잡하지 않다. 하나의 세계관으로 잘 연결되고, 의도한 고객층을 만난다면 말이다. 제품과 서비스가 적합한 세계관을 만났을 때, 고객은 서비스를 과장된 것이 아니라 매력적인 브랜드로 인식하게 된다.

양

대기업이 시장의 큰 비중을 차지하는 가운데, 대기업과 구별되려는 시도들이 보인다. 바로, '니치 시장'이다. '틈새'를 뜻하는 니치는 적은 수의 소비자를 대상으로 한다. 기존에 유사한 상품이 많지만, 내 마음에 쏙 드는 상품이 없는 사람을 공략하는 것이다. 가령 최근 제로 칼로리를 앞세운 음료를 예로 들 수 있다. 사람들의 취향이 다양해졌고, 다양성을 존중하는 사회 분위기가 된 덕분이다.

백남준 작가는 과거 권력에 의해 통제되고, 중앙 집중적으로 운영되던 미디어에서 벗어나, 현재는 개인이 미디어를 소유하고 자유롭게 표현하는 방향으로 변화하고 있으며, 이로 인해 사회에는 다양한 관점과 이야기가 퍼져 다양성이 자연스럽게 확대되고 있다고 말했다. 이처럼 기회는 모두에게 열려 있지만, 개인이 어떻게 이 기회를 활용할 것인지가 중요하다. 내가 준비한 제품이나 서비스를 좋아할 사람들이 누구인지, 그들이 평소 어떤 브랜드를 선호하고 어떤 공간을 즐겨 찾는지를 이해하고 공감할 때, 정확한 고객층을 만날 수 있는 브랜드가 만들어질 수 있다. 이 사례에서 주목해야 할 점은, 만약 남들과 다른 니치한 길을 걷고 싶다면, 그 길을 함께 걷고 싶은 사람을 관심으로 바라봄으로써 보다 정확한 예측을 할 수 있을 것이다. 앞으로 니치 브랜드가 점점 더 많은 주목을 받을 것 같다.

조이　제품과 서비스를 직접 경험하기 전까지는 흥미를 느끼지 못했던 프로젝트도, 경험한 후에는 브랜드를 운영하는 사람들과 마음의 무게를 함께 할 수 있게 되는 것 같다. 기분 좋은 피드백을 받으면 기쁘고, 비판적인 피드백을 받으면 아프다. 하나의 프로젝트가 비로소 내 자식처럼 소중해진다. 이 사업을 내 사업인 것처럼 연구하고 상상하게 된다. 이렇게 직접 경험함으로써, 작업자의 태도가 크게 변화한다. 고객을 더 잘 공감할 수 있는 전략을 세우게 되며, 프로젝트에 대한 책임감과 흥미를 갖게 된다.

눈높이에서 코높이로

반려동물 사료 브랜드, 코와코

Who	Problem	Solution
반려동물 동결 건조 사료를 생산하는 회사.	반려동물을 진정으로 위하는 마음이 느껴지는 브랜드를 만들고 싶어요.	반려동물의 '코'를 모티브로 사람이 아닌 반려동물의 시각으로 세계관을 개발하였습니다.

국내에만 반려동물 인구가 1,500만을 넘어섰다. 네 가구 중 한 가구는 반려동물을 기르고 있다. 전 세계적으로는 약 19억 마리의 반려동물이 존재한다고 한다. 그만큼 관련 사업도 많아졌다. 그런데 시장의 규모만큼 성숙도가 높지 않다는 것을 알 수 있었다. 운영자의 태도가 성숙하더라도 사료를 생산하는 공장이 따라주지 않는다면 무용지물이다. '휴먼 그레이드(Human Grade)'라는 키워드가 붙어도 사람이 먹는 음식을 생산하는 공장에 비해 기준이 낮아서, 사료에서 철사나 금속 조각이 발견되는 문제가 자주 발생한다. 이러한 이물질이 미량이라도 동물의 몸에 들어가면, 소화기계에 심각한 손상을 입힐 수 있다. 또한, PVC로 불리는 플라스틱 조각이 사료에 섞여 있으면, 고온에서 생산되는 과정에서 독

성 물질인 다이옥신이 생성될 수 있다. 심각한 수준에 이르러 사료에서 파리의 사체나 알이 발견되는 일도 있었다.

이러한 문제를 해결하기 위해 공장 생산자와 타협하지 않고 질 좋은 사료 생산을 추구하는 고객사의 대표(톰과 애나)가 브랜티스트로 찾아왔다. 대표의 요청은 명확했다. 원료에 대해 거짓 없이 진실을 말하며 진정으로 반려동물을 위한 브랜드를 론칭하고 싶다는 요청이었다. 그리고 빠른 시간에 브랜드 인지도를 높일 수 있는 디자인도 함께 요청했다. 우리의 임무는 이 두 가지 문제를 해결하여, 브랜드가 반려동물의 건강과 안전을 최우선으로 생각하는 고객을 만나는 것이다.

반려동물의 건강에 도움이 되는 사료는 무엇일까? 동결 건조 기술로 만든 사료가 대표적이다. 다른 기술과는 다르게 원료의 영양소를 최대한, 그리고 오래 보존할 수 있다는 이점이 있다. 더 중요한 건, 원료와 함께 다른 물질을 넣을 필요가 없어서 이 사업의 문제의 발단이 되었던 이물질이 들어갈 가능성을 없앤다. 라면의 건더기 스프에 있는 채소와 군대에서 보급하는 전투식량이 우리 주변에서 쉽게 볼 수 있는 동결 건조 기술이 적용된 사례이다. 브랜드는 동결 건조 사료뿐만 아니라 반려동물의 삶의 질을 향상시키기 위한 다양한 용품을 개발하고 있다.

처음 시작한 이야기로 돌아가 보자. 내가 아니라 상대의 입장이 되어 본다면, 풀리지 않을 것 같던 문제도 의외로 쉽게 해결이 되는 경험을 해봤을 것이다. 이 방법은 상대가 사람이 아니더라도 통용된다. 반려동물의 입장이 되어보는 것이 무엇을 의미할까? 이에 대해 고민하던 중, 반려동물의 코가 사람의 지문처럼 고유한 역할을 한다는 사실을 알게 되었다. 이를 '비문(鼻紋)'이라고 부른다. 그들에게 본질적이고 자연스러운 경험을 제공하겠다는 브랜드의 의지를 인간의 시각인 눈높이가 아닌 반려동물의 코높이에서 그들의 요구와 선호를 이해하고 충족시키겠다는 의미를 담고 있다. 그래서 '코와코(COWACO)'라는 브랜드명이 탄생하게 되었다.

브랜드가 전달하는 메시지가 진정성을 갖추기 위해서 증명이 필요했다. 그중 하나로, 원료의 진정성을 드러내는 방법으로, 패키지에 사용된 모든 원료를 있는 그대로 보여주기로 했다. 빠른 시간에 브랜드 인지도를 높이기 위한 시각적 연구에 상당한 시간을 투자했다. 첫 번째 방법으로, 원색에 가까운 빨간색과 노란색의 조합을 선택했다. 색상에 관한 연구는 여러 해석이 있지만, 그중에서 공통으로 언급되는 내용들이 있다. 각각의 색상이 주의를 끄는 기능을 하지만, 이 두 색상의 조합은 더욱 강력한 시선을 끌어낼 수 있다. 여기에 서체를 포함한 다른 디자인 요소들을 더하면 강하고 당찬 이미지를 전달할 수 있다. 브랜드를 눈에 띄게 하고, 기억에 남게 하기 위해서는 색상만으로는 부족하다.

여러 선택지를 고려하는 과정에서 1960년대 미국에서 유행했던 코믹스에 적용된 '팝아트' 양식이 눈에 들어왔다. 밝은 색상의 과감한 조합과 명확한 윤곽선, 단순화된 형태, 그리고 스토리텔링에 최적화된 표현 방식이 주요 특징이다. 이어서 대표(톰과 애나)의 이름을 가진 캐릭터를 개발하여 세계관의 정점을 찍었다. 건강한 원료를 찾기 위해선 발품이 생명이다. 브랜드를 운영하는 톰과 애나의 실제 모습을 캐릭터에 그대로 반영하여 건강한 원료를 직접 찾아 다니는 여행으로 브랜드를 소개한다.

반려동물은 언제부터 인간이 정해주는 음식을 먹고, 입혀주는 옷을 입으며, 데려가는 장소에 따라가게 되었을까? 생각해 보면, 이러한 모습은 태초 인간과 반려동물이 만났을 때의 모습과는 거리가 멀다고 생각한다. 하지만 그렇다고 다시 반려동물을 자연으로 돌려보낸다고 해서 그들이 자립해서 살기는 힘들 것이다. 그래서 대표는 우리와 반려동물이 어떻게 함께 공존할 수 있을지 방법을 찾아야 한다고 강조한다. 그래서 자신과 함께하는 반려동물부터 '잘' 키우고자 솔선수범하여 공부한다. 대표의 이러한 철학은 '완벽한 동행(Complete Companion)'이라는 슬로건으로 표현되었다. 반려동물의 일생을 꾸준히 동행하며, 반려동물과 반려인이 함께하는 삶의 모든 순간이 완전해야 한다는 의미를 나타낸다.

이번 프로젝트는 고객의 눈높이를 브랜드의 본질로 표현한, 어쩌면 가장 고객 중심적인 철학을 가진 브랜드로서 해석될 수 있다. 고유한 이름, 고유한 이미지, 고유한 메시지는 그 자체로 아름답다. 하지만 꾸준히 아름답기 위해서 내면의 아름다움, 진정성이 필요하다. 동물을 대하는 모습을 보면 그 사람이 보인다고 했다. 코와코를 운영하는 대표 두 분은 프로젝트를 시작한 그때부터 변함없이, 어떤 상황에서도 순수하고 윤리적인 태도를 잃지 않았다. 꾸준히 아름다운, 진정성 있는 브랜드가 될 거라 믿는다.

서울 SETEC 펫 박람회에서 처음으로 브랜드를 선보인 코와코는 참가한 브랜드 중 가장 많은 사람이 줄 섰고, 국내는 물론 해외 투자자들로부터 다양하고 많은 제안을 받는 등 큰 성과를 거두었다. 현재는 글로벌 브랜드로 성장하기 위해 다른 국가로 진출하기 위한 준비를 하고 있다.

알
—

내가 강아지가 될 수 없는 것처럼, 사용자의 입장이 되는 것도 어렵다는 것을 알고 있다. 사실 거의 불가능에 가깝지만, 그런데도 사용자의 입장이 되어 본다는 것의 진정한 의미는 '내 일'이라고 생각하는 것에 있다. 좋은 방법은 '내가 경험한다면 어떨까?', '또는 어땠으면 좋을까?'라는 생각에서 시작하는 것이다. 사용자 입장을 고려하는 것은 마음을 들여다보는 어떤 특별한 기술 같은 걸 의미하는 게 아니다. 최근 '휴먼 그레이드'라 표기된 음식에서 다량의 플라스틱이 검출되었는데, 이 음식을 임산부가 먹고 유산하는 사건을 접했다. 결국 강아지가 먹든, 사람이 먹든 만드는 건 다 사람이다. 따라서 누가 먹는 제품이든, 사용자 관점에서 고민해 보는 게 중요하다. 대부분 반려인은 자기 반려동물을 사랑한다. 그런 마음으로 브랜드를 운영한다면, 이런 문제는 발생하지 않을 것이다.

조이 반려견 보리와 함께한 지 벌써 5년이 되었다. 그럼에도 프로젝트를 시작하기 전까지는 반려동물이 살아가는 환경에 대해 잘 몰랐다. 한 번도 그들의 처지에서 생각해 본 적이 없었다. 내가 보기 예쁜 것, 맛있어 보이는 것만 소비했다.

프로젝트를 착수하면서 진정으로 반려동물이 필요로 하는 환경에 대해 알게 되었다. 평소에 반려동물 시장을 많이 들여다본 덕분에 프로젝트를 진행하는 데 많은 도움이 되었다. 너도나도 유명한 브랜드의 디자인을 따라 제품을 만들고 있었다. 그래서 코와코만의 고유함을 찾는 것이 더욱 필요했다.

진정성을 가지고 사업을 하는 대표 톰과 애나를 통해 브랜드를 소개하는 방법이 고객의 공감을 얻을 것으로 생각했다. 톰과 애나는 보리를 돌보아 주는 내 입장을 알아서인지, 나를 응원해 주고 믿어주었다. 덕분에 클라이언트가 보내주는 진심을 느끼며 프로젝트를 하는 귀한 경험을 했다.

6

아빠는 기둥, 엄마는 지붕

약차 브랜드, 깐깐한여니씨

Who	Problem	Solution
약차 브랜드를 운영하는 세 자녀의 엄마.	브랜드를 확장하여 공장형 카페를 열 계획이에요. 새롭게 브랜딩하여 핫플이 되도록 해주세요.	아빠는 가족의 기둥으로, 가족을 따뜻하게 품어주는 엄마의 마음을 지붕으로 상징합니다.

네 살 때의 기억이다. 내 손에 잡히던 세상은 우리 집 앞 골목이었다. 냉장고에 있는 요구르트를 꺼내, 세발자전거를 끌며 세상으로 나선다. 그리고 대문을 열며 하루를 시작하는 아주머니, 친구, 심지어는 외화를 벌기 위해 방글라데시에서 온 아저씨까지, 모두에게 요구르트를 건네며 우리 집으로 초대했다. 어렴풋한 내 기억을 선명하게 되살릴 수 있었던 건, 그런 모습을 지켜보며 흐뭇해하셨던 어머니의 기억 덕분이다. 되돌아보면, 사람에 대한 취향과 편견 없이 마냥 좋아했던 것 같다. 특히 그들의 웃음에 행복을 느꼈다. 그렇게 관계 맺는 즐거움을 알아갔다.

지금도 변함없다. 한 단계 더 진화해서 스스로 관계 맺는 것뿐만 아니라, 타인의 관계 형성을 돕는 일에서도 즐거움과 보람을 느낀다. 이것이 바로 '브랜딩'의 본질을 파악할 수 있는 열쇠다. 이를 생물과 자연계의 관점으로 바라보자. 자연에 뭐가 있는지 알아보는 분류학이 학문의 시초라고 하고, 그다음으로 발전한 학문이 생태학이다. 생태학은 생물들이 서로 어떤 관계 맺음을 하고 사는지 연구하는 학문이다. 이와 유사하게 각각의 브랜드가 시장에서 무슨 기능을 하고 어떤 성격인지 알아보는 일을 넘어, 브랜드들이 어떤 관계 맺음을 하는지 연구함으로써 브랜딩에 대한 본질적인 이해가 가능할 것이라고 본다.

대다수의 브랜딩 과정은 유사한 패턴을 따른다. 고객사는 자신들이 해소하고 싶은 불편한 점들(이슈)을 얘기하면, 우리는 귀를 기울여 듣고, 맥(현재 상황)을 정확하게 짚어 진단한다. 그리고 치료(솔루션)한다. 마지막엔 관리할 수 있도록 약도 처방한다. 이해를 돕기 위해 좀 더 업계의 용어로 설명하자면, 고객사가 접근하고 싶은 타깃 고객의 마음을 파악하고, 그 마음의 깊은 곳에 어떠한 본질이 숨어 있는지 분석한다. 그리고 발견된 본질이 의도한 고객에게 매력적으로 다가갈 수 있도록 브랜드 네임, 슬로건, 로고, 패키지, 사진, 영상, 홈페이지, 내외부 공간 디자인 등 다양한 시각물로 표현한다.

마지막으로 브랜드다움을 온전히 유지하고, 브랜드의 성장을 위해 앞으로의 운영 전략을 제시한다. 한마디로, 타깃 고객과의 관계 구축을 위한 모든 활동을 기획하고, 구체화하는 일이다.

얼마 전, 부산 기장에 있는 약차 브랜드의 오프라인 공간을 오픈하는 브랜딩 전반의 업무를 맡았다. 약차 브랜드가 만나고 싶은 대상은, 아무리 바빠도 가족과의 시간과 가족의 몸, 그리고 마음의 건강을 챙기는 어머니들이다. 브랜드를 운영하는 대표님이 바로 그런 어머니를 대표하는 사람으로 인정받아 왔다. 어릴 때부터 몸이 아팠던 아들과 딸이 병원에서 받은 항생제로는 회복되지 않자, 천연 약재를 직접 공부하여 약차를 개발했다. 우여곡절 끝에 다행히 아들과 딸은 건강을 회복했고, 이제는 우리나라에서 건강 문제를 겪는 아이들을 위해 약차를 생산한다.

브랜드의 맥을 정확하게 짚는 일에 성공하면, 수면 아래에 있는 본질과 점점 가까워지는 느낌을 받는다. 무엇이 대표님을 여기로 이끌었을까? 어떤 마음이 대표님을 움직였을까? 자식을 생각하는 부모의 마음은 누가 먼저랄 것도 없이 같겠지만, 대부분의 인식 속에 그 마음의 모습은 조금씩 다르다는 것을 알게 되었다.

과거의 가부장 제도 속에서 아버지는 가족의 중심, 즉 뼈대의 역할이 강조되어 왔다. 그에 비해 어머니(기표)는 명확한 상징(기의)을 찾기 힘들었다. 이런 관점에서 각자의 역할에 대해 기능적이고 감정적인 측면에서 고찰하다가, 아버지를 '집의 기둥'으로 비유하는 전통적인 생각에 주목하게 되었다. 그렇다면 어머니는 아이들은 물론 아버지까지 따뜻하게 품어줄 수 있는 넓은 '지붕'이 아닐까.

이러한 관점을 바탕으로, 오프라인 공간의 중심 개념을 지붕 아래에서 모든 가족이 함께하는 따뜻한 공간으로 정의했다. 이어서 브랜드 슬로건, '우리 가족만큼은'을 브랜드 이름 앞에 붙여 브랜드의 의미를 구체화했다. 이렇게 "우리 가족만큼은 따뜻하게 지켜주는 지붕 같은 엄마"라는 메시시를 담은 '깐깐한여니씨'가 탄생하게 되었다.

약차는 주로 건강 관리의 중요성을 느끼는 어른들이 섭취하는 제품으로 알려져 있다. 그렇지만 이 브랜드에서는 아이들의 소비 비율이 높게 나타난다. 덩달아 기혼 남성의 소비 비율도 높은 편이다. 눈치 빠른 사람이라면 이 브랜드의 전략을 파악했을 것이다. 슬로건에서도 이미 우리가 관계 맺고 싶은 대상을 명확히 드러냈다. 바로, '우리 가족만큼은' 깐깐하게 챙기는 어머니들이다. 여기서 흥미로운 점은 제품을 구매하는 고객(어머니)과 실제로 사용하는 소비자(아이들과 남편)가 다르다는 것이다. 오프라인 공간에서 아이들에게는 안전하게 뛰놀고, 만지며, 읽고, 그릴 수 있는 환경과 공간 경험을, 부모님들에게는 아이를 위한 걱정을 잠시 내려놓고 휴식을 취할 수 있는 환경과 육아 지식을 얻을 수 있는 세미나를 제공한다.

대표님의 주문은 여기서 그치지 않았다. 계약에 명시하기엔 기준이 모호했지만, 반드시 핫플이 되어야 한다는 것이었다. 직접 말씀하시진 않았지만, 10년 동안 업을 해 오신 대표님은 어머니들 사이에서 이미 핫한 인물이었다. 그 이미지에 걸맞은 공간이 필요하다고 판단하신 것 같다. 핫플을 적극적으로 의역하면 '새로움에 대한 갈망'으로 볼 수 있다. 새로움은 사람들에게 희망을 준다. 핫플은 바로 그 새로움과 희망을 의미한다. 만약 핫플이 없는 세상을 상상해 보면, 그곳은 더 이상의 새로움이 존재하지 않는 곳일 테다. 그러한 일상은 지루하고 단조로울 것이다. 그렇기에 핫플은 더 이상 위험할 게 없는 현대 사회에서 낮은 기회비용으로 우리에게 도전과 모험을 할 기회를 제공한다.

하지만 아쉽게도 뜨거운 인기를 누리더라도 언젠간 식게 된다. 장소의 매력이 일시적일 수 있다는 것을 의미한다. 핫플은 시간성을 배제할 수 없는 단어이다. 식어도 맛있는 음식과 음료처럼 지속되는 매력을 지닌 브랜드가 되기 위해선 전략이 필요하다. 가장 중요한 전략을 꼽자면, 누구와 관계를 맺을지 분명히 하는 것이다. 관계 맺을 대상이 분명할수록 브랜드의 기능과 이미지도 더욱 분명해질 것이다. 되도록 많은 사람이 찾아 주었으면 하는 마음이야 굴뚝같겠지만, 현실적으로 불가능에 가깝다는 사실을 인정해야 한다.

모든 사람을 만족시키는 브랜드는 세상에 존재하지 않는다. 사람에 비유해 봐도 유사하다. 만인이 좋아하는 사람은 없다. 누군가는 그 사람을 좋아하고, 누군가는 그렇지 않을 수 있으며, 또 누군가는 그 사람에게 관심조차 두지 않을 수 있다. 우리는 살아가면서 되도록 자신과 잘 맞는 사람을 만나고 싶어 한다. 그렇기에 더욱이 누구보다 내가 계획한 큰 그림을 잘 이해하고, 공감해 주는 고객을 만나는 것이 중요하다. 도심에서 삼십 분에서 한 시간 정도의 거리에 있고, 대중교통이나 볼거리가 없는 산업단지에 위치한 약 천 평 크기의 플래그십 스토어의 주차장은 항상 차로 가득하다. 내가 주어진 미션을 잘 수행했다면, 브랜드는 원하는 고객과의 관계를 성공적으로 구축할 수 있다. 이처럼 나의 업무는 브랜드가 원하는 관계 구축을 돕는 것이다.

앝 좁은 입구 복도를 지나 높이가 3미터에 이르는 목문을 열면 건물 한 면을 가득 채운 카운터가 눈에 들어온다. 오직 손님을 맞이하기 위한 특별한 공간이다. 그리고 카운터를 뒤로한 채로 주변을 둘러보면, 넓은 좌석 간격이 아이들과 부모님들에게 휴식을 제공한다. 아이들을 위한 특별한 공간으로는 커다란 나무로 만든 고래가 두둥실 떠다니는 둥근 형태의 드로잉 공간이 마련되어 있어, 자유롭게 상상의 나래를 펼칠 수 있다.

이것만으로는 부족한 아이들에게는 부모님과 함께 야외 모래 놀이터에서 신나게 뛰어놀 수 있는 공간을 제공한다. 부모님들은 내부의 넓은 통창을 통해 아이들이 뛰노는 모습을 바라보며 여유를 즐긴다. '깐깐한여니씨'의 플래그십 스토어는 찾아오는 모든 고객에게 엄마의 품 안에서 느끼는 안락함과 행복을 선물한다.

조이   브랜드 '깐깐한여니씨'를 처음 만났을 때, 어린 시절의 기억이 문득 마음을 스쳤다. 나는 유난히 밥 먹는 걸 싫어해 몸이 아주 약했다. 툭하면 감기에 걸리거나 폐렴으로 입원하기도 했다. 나에게 엄마와도 같았던 할아버지는 그런 내가 걱정이 되셨는지, 녹용을 지어오셨다. 그때는 그 의미를 잘 몰라서인지, 매일 저녁 쓰디쓴 한약을 마시는 게 얼마나 싫었는지 아직도 기억이 선명하다.

그러던 어느 날, 친오빠가 100원짜리 신호등 사탕을 사 왔다. 한 봉지에 세 개씩 들어 있었는데, 약을 한 번 먹을 때마다, 한 개씩 먹을 수 있었다. 마냥 달콤한 사탕이 좋아서 약 먹는 시간이 기다려지기까지 했다.

'깐깐한여니씨'의 약차를 보면, 어린 시절 내가 마셨던 녹용처럼 건강한 약재로 만들어져 있다. 아이들이 좋아할 맛은 아닐 것 같았다. 그래서 대표님은 오프라인 공간을 아이들이 마음껏 놀 수 있는 놀이터처럼 만들고 싶어 하셨다. 행복한 경험이 약차의 맛을 더 좋게 느끼게 해 줄 수 있도록 말이다.

이 프로젝트를 진행하면서, 할아버지와 오빠, 그리고 대표님의 마음이 얼마나 닮았는지 새롭게 깨달았다. 어쩌면 잊혀질 수 있었던 기억이 프로젝트 덕분에 수면 위로 다시 올라왔다.

어린 시절 받았던 사랑을 되새기며, 그 마음을 다른 이들에게도 전할 수 있는 소중한 기회가 되었다.

우리가족만큼은

서두르지 않는 사랑

느린 결혼식(Slow Wedding)

Who	Problem	Solution
형식적인 결혼을 하고 싶지 않은 연인.	참석한 모든 사람과 대화할 수 있는 관계 지향적인 결혼식을 하고 싶어요.	청첩장부터 본식, 뒷풀이까지 모든 과정에서 '느린' 결혼 경험을 설계합니다.

기술이 아무리 발전해도 예측 불가능한 것들이 이 세상에는 존재한다. 심지어 그 분야의 세계적인 석학이라 할지라도 말이다. 바로, 경제와 사랑이다. 수많은 이론과 공식이 있지만, 정작 나에게 맞는 공식을 찾기란 쉽지 않다. 어떤 날은 공식이 통하는 것 같다가도, 다른 날에는 전혀 들어맞지 않는 경우가 허다하다. 그래서 결국 정답은 없고, 사람마다 상황마다 다르다. 나의 연애 역시 여러 차례 거듭되는 실패로 자존감이 바닥에 떨어진 상태였다. 나라는 문제를 풀 수 있는 사람이 이 세상에 어디에도 없다고 생각하며, 더 이상 누구와도 만나지 않겠다고 마음먹었다. 그런데 전혀 예상치 못한 일이 벌어졌다. 나에게도 진정한 사랑을 나눌 수 있는 사람이 나타난 것이다. 그 사람은 내가 가진 고유함을 이해

해 주었고, 내가 지키고 싶어하는 것들을 누구보다 잘 알아주는 사람이었다.

참고로 우리 관계를 유지하는 방식에는 공식이 있는데, 바로 사랑에 빠지기 보다는(Fall in love) 서로를 사랑의 주인공으로 끌어올리는(Rise in love) 관계를 맺는 것이다. 전자가 받는 사람의 입장에서 하는 말이라면, 후자는 주는 사람의 입장에서 할 수 있는 말이다. 한마디로 정리하면, 받을 생각하기 전에 서로가 시로에게 적극적으로 사랑을 주는 것에 초점을 맞춘 관계이다. 이러한 사랑의 깊이는 자연스럽게 결혼이라는 더 큰 결심으로 발전했다. 우리는 결혼을 단순한 형식이나 의례로 보지 않았다. 그렇게 전형적인 결혼식의 틀에서 벗어나 우리다운 고유한 결혼식에 대한 고민을 시작했다.

두 가지 고민에서 시작되었다. 첫째는 서두르지 않고 차분하게 사랑을 키워온 우리의 방식을 나누고 싶었고 둘째는 거리가 가깝든 멀든 결혼식에 찾아와 주시는 분들과 마음도 나누지 못하는 바쁜 결혼식이 아니라 여유롭게 시간을 보낼 수 있는 결혼식을 만들고 싶었다. 그렇게 하여 '느린 결혼식'이란 타이틀을 만들게 되었다. 같은 기준으로 하나씩 본격적인 준비를 시작했다.

누구를 초대할 것인가. 이 지점에서 브랜드가 지향하는 관계의 결이 드러난다. 우리가 정립한 관계는 만남의 횟수보다는 그 사람이 나에게 어떤 의미인지가 중요했다. 오래 만난 사람도 중요하고, 비교적 짧게 만난 사람도 중요했다. 그리고 일하며 알게 된 분들 중에서도 일에 대한 기억보다는 사람에 대한 기억이 남는 분들이 있다. 그런 분들을 이 기회에 초대하고 싶었다.

느린 결혼식에 어울릴 만한 장소는 시간과 공간에 구애받지 않는 곳이어야 했다. 그러다 보니 선택지가 많지 않았다. 운 좋게 대구 외곽에 위치한 옻골마을을 발견하고, 마을 전체를 통째로 빌렸다. 400년의 역사가 고스란히 보존된 이곳에서 가까운 친구들과 전날 도착해서 우리들의 손으로 결혼식장을 직접 꾸미고, 늦은 밤까지 수다를 떨며 시간을 보냈다. 아이들과 젊은 사람들에게는 새롭고 재미있는 장소가 되었고, 연세가 있으신 분들에게는 어린 시절이 떠오르는 친근한 장소가 되었다. '한 아이를 키우려면 온 마을이 필요하다'는 옛말이 있다. 옛 친구, 동생과 형, 누나들, 동료들, 가족들과 멘토님과 멘티님들, 일하며 알게 된 특별한 인연들 모두의 사랑 덕분에 사랑할 수 있는 어른이 되었다고 생각한다. 무럭무럭 자란 그때 그 아이가 마을로 다시 초대하게 되었다.

한 분 한 분 편지를 써서 우편으로 보냈다. 그 사람이 나에게 어떤 의미인지를 쓴 내용의 편지다. 배송하는 데만 짧게는 3일에서 길게는 2주가 걸렸다. 그동안 편지 소식을 미리 전해 받은 사람들은 집에 들어가기 전에 매일 우체통을 확인하는 재미가 있었다고 한다.

다녀간 분들의 이야기를 들어보면 가장 인상적인 순간은 '느린 입장'이었다. 신랑이 먼저 당당하게 입장하고, 신부가 아버지의 손을 잡고 입장하는 보통의 입장과는 달리 느린 결혼식에서는 땅에 떨어진 꽃을 하나씩 주워가며 천천히 입장한다. 어른이 되어 가는 험난한 과정에서 우연히 마주친 아름다움들은 바로 주변 사람들인데, 이들은 꽃을 상징한다. 꽃을 모아 별에게 건네고, 별은 다시 한번 주변 사람들과 꽃을 나눈다. 대체로 지금까지 그렇게 살아왔고, 앞으로 그렇게 살겠다는 다짐이기도 하다. 누군가에겐 찰나의 순간일지 모르지만, 지금까지 마주친 사람들의 갖가지 좋은 면 덕분에 좀 더 나은 어른이 되어 간다고 생각한다. 그래서 지금의 아내를 만날 수 있었다고 믿는다.

두 번째 순간은 '뜻밖의 축사'였다. 가까운 친구나 가족이 준비한 내용뿐만 아니라, 오신 분 중 한 분에게 즉흥적으로 축사를 부탁드렸다. 부담스럽고 당황스러운 감정도 잠시, 무엇보다 진솔한 마음이 담긴 축사를 받았다.

10년 전, 운 좋게 영국 시골에서 전통 결혼식을 경험한 적이 있다. 러닝 타임이 무려 이틀이다. 중세 시대에 만들어진, 지금은 볼품 없는 교회를 빌려 전날부터 가까운 친구들이 공간을 꾸민다. 둘이서만 잘 살 거라면 결혼식의 의미가 덜하지 않을까. 나는 주변 사람들과 다 같이 잘 살기 위해 결혼식을 한다고 생각하는 편이다. 감사하게도 느린 결혼식은 모두가 다같이 준비한 덕분에 평생 여운이 남을만한 추억이 되었다.

얄   우리 가족은 오랜만에 만나면 서먹서먹해서 TV를 보거나 식사하며 대화를 나누다가 헤어진다. 그런데 중국에서 가족이 모여 파티와 게임을 즐기는 모습을 보고 감동받았다. '우리는 왜 저렇게 못 할까'라는 생각이 들었다. 가족과 게임을 하며 친구처럼 지낸 적이 없다는 생각이 들었다. 그래서 느린 결혼식에서 사자탈을 쓰고 탈춤을 추기로 결심했다. 대가족이 함께하는 분위기를 만들고 싶었다. 나는 형식적이고 비싼 것이 싫다. 그런데 결혼식은 형식적이고 비싸다. 그래서 결혼식이 싫다. 그런데 느린 결혼식을 하고 싶고, 결혼 생활도 그렇게 하고 싶다는 오의 이야기를 들었을 때, 나의 불편한 감정을 새로운 시각으로 바꿀 수 있는 기회라고 생각했다. 그렇게 나는 사자가 되었다.

조이   사실 결혼식을 준비하는 입장에서 내 호흡은 절대 느리지 않았다. 엄청나게 빠른 결혼식이었다. 마치 여유롭게 헤엄치는 오리가 물 아래에서는 분주하게 다리를 젓는 것처럼. 청첩장, 현수막, 테이블 매트를 포함한 디자인 작업부터 결혼식장 꽃장식까지. 서울에서 대구까지 차를 타고 내려가 전날부터 준비했다. 이걸 친구들과 다 같이 했다. 친구들과 함께 마음을 모아 무언가를 만들어 간 일은 오랫동안 추억될 멋진 시간이 될 것 같다. 가끔 하객들이 형식적이고, 계산적으로 참석하는 경우를 보는데, 그게 전혀 느껴지지 않는 결혼식은 처음이었다.

수많은 이론과 공식 속에서
나에게 맞는 공식 찾기

소박하고 사소한 행복

베이커리 브랜드, 소사베이커리

Who	Problem	Solution
사업 경험이 부족한 창업자.	단순히 빵만 파는 공간이 아니라 사람들과 만나서 이야기할 수 있는 아늑한 공간을 만들고 싶어요.	사람들과 만나서 이야기하는 것만으로도 행복했을 것 같은 호모 사피엔스 시절을 재현합니다.

내가 해 보지 않은 일을 남이 하면 쉽고 단순하게 보인다. 브랜딩 작업을 통해 그들이 직면하는 문제의 심각성을 이해하지만, 정확하게 동일한 입장이 되어 문제의 무게를 함께 지지 못한다는 건 사실이다. 그런데 오히려, 그렇기 때문에 문제의 해결 방안을 찾아낼 수 있다. 그만큼 사업을 운영하는 사람에게 어떤 종류의 문제든 쉬운 건 없다. 해변에서 바라보는 바다는 잔잔해 보이지만, 막상 바다에 들어가면 사납고 격렬한 파도가 집어삼킬 것 같은 느낌이 든다. 얼마나 왔는지 거리감도 잘 느껴지지 않고, 발이 닿지 않는 순간부터 호흡이 가빠져 감정의 균형을 잃기 쉽다. 이런 상황에도 객관적인 분석과 냉철한 판단, 때론 대담한 시도가 필요

하다. 어느 정도 떨어져 바라보면 더 선명하게 보이고, 용기도 생긴다. 이걸 잘 해내는 조직이나 개인이 바로 브랜딩 에이전시나 성공적인 사업가일 것이다.

어느 날, 브랜딩에 관심이 많은 부산대학교 학생들에게 티타임 제안을 받았다. 만남 이후에 조금은 가까워져 종종 연락하는 관계가 되었다. 그중 빵을 맛있게 잘 만드는 한 명이 창업에 대한 고민 상담을 요청했다. 낯선 사람들과 신시하고 싶은 내화를 나누며 일상의 영감을 얻고자 소셜 살롱을 창업하고 싶다고 했다. 문제는 당시 부산에서는 소셜 살롱이란 개념부터 추상적이고, 고객 입장에서 소비하는 방식이 그렇게 단순하지 않다는 점이었다. 게다가 비지니스 모델에 대한 이해가 부족하고, 사업 경험이 없었기에 대안을 제시해주었다. 바로 빵집을 운영하는 것이다. 그리고 일주일에 한두 번 이벤트로 소셜 살롱 프로그램을 개최하는 방향이었다.

그럼에도 막연함이라는 벽 앞에서 주저하는 그와 나만의 브랜드가 생길 거라는 기대를 실현하기 위해 사업 파트너가 되었다. 운영은 그가, 그 외 브랜딩과 마케팅을 포함한 전체 사업의 영역은 브랜티스트가 책임졌다. 무슨 일을 하더라도 현재 문제를 겪는 고객사보다는 더 잘 할 수 있을 것 같아 기회를 놓치지 않았다. 그렇게 해서 지금의 빵집, '소사베이커리'가 탄생하게 되었다.

지금 와서 돌이켜 보면 경솔한 판단이었다. 내가 헤엄치는 바다가 가장 험난한 줄 알았는데, 들어가 본 적 없는 또 다른 바다에 들어가 보니 힘을 잔뜩 주게 되어 같이 헤엄치는 사람을 여러 번 힘들게 했다. 운영하는 사람이 되어보지 못하면 이해하기 어려운 상황이 참 많다는 것을 깨달았다. 특히 혼자 동일한 공간에서 지속적으로 같은 일을 반복하는 환경에서는 고립감을 느낄 수 있는데, 매일 다른 사람과 다른 곳에서 일하는 나로서는 어떤 어려움인지 공감하기 어려웠다. 이 외에도 여러 어려움이 있었을 것이다. 그런 점들을 미리 알고, 헤아릴 수 있었다면 좋았을 텐데, 그렇지 못해 아쉬움이 남는다. 결국 그는 파트너십을 포기하게 되었다. 이후로 매니저로 일할 직원과 파트타임 알바생도 몇 명 채용했지만, 현실적인 이유와 향하는 곳이 다른 이유로 마음고생을 많이 했다. 지금은 더 나은 환경을 만들기 위해 시스템을 구축하고 있다.

소사베이커리 이름에는 '소박하고 사소한 행복'이란 의미가 담겨 있다. 작은 행복들이 모여 큰 행복을 누리고 살았으면 하는 마음에서 출발했다. 빵 한 조각을 먹는 사소한 순간을 소중히 여기고, 빵을 선물하며 마음이 이어지는 그 순간들이 이 작은 빵집에서 시작되기를 바라는 마음을 전하는 것이 목적이다.

진정한 브랜딩 전문가라면 거짓된 아이덴티티를 꾸며내지 않는다. 몇몇 브랜드 에이전시가 직접 운영하는 자체 브랜드를 경험해 봤지만, 이미지는 그럴듯하나, 정작 맛은 없어 허무함을 느낀 적이 있다. 내실이 부족한 것이다. 에이전시의 역량과 새로운 사업의 역량은 서로 다른 것을 요구하기 때문에 그걸 갖추는 것이 어렵다는 것을 잘 안다. 그래서 더욱 내실이 탄탄한 브랜드를 만들고 싶었다. 빵집은 빵이 중요하고, 빵을 만드는 사람이 가장 중요하다. 그래서 동료들과 냉철하게 브랜드가 할 수 있는 메시지가 무엇일지 진지하게 고민했다.

브랜딩은 '진정성'이다. 진정성 있는 브랜드는 순간적인 주목을 받지 않을 수도 있지만, 지속 가능하며, 그에 따른 인정을 받을 수 있다. 그 진정성은 진실에서 나온다. 브랜드 전략 이전에 소사베이커리가 담고 있는 진실을 생각해 봤다. 소사베이커리의 빵은 세계적으로 유명한 제빵 대학 출신의 제빵사가 만든 빵이 아니다. 그에 비하면 상당히 평범한 이력을 가지고 있지만, 주변으로부터 꾸덕하고 진한 맛으로 호평을 꾸준히 받아왔다. 신기하게도 똑같은 레시피를 따라 만들어도 만드는 이에 따라 맛과 식감, 부피가 달라진다. 아직까지 정확한 이유는 모르지만, '손맛'이 있다는 게 분명하다. 더불어 풍미 가득한 유기농 밀, 고급 이탈리아 버터, 진한 벨기어 초콜릿 같은 건강하고 품질 좋은 재료를 선택했다. 빵을 만들고 전달하는 전체 과정에서 최대한 친환경적인 방법을 선택했다.

누군가를 생각하는 마음은 건강하고 품질 좋은 재료 선택에서 나타나고, 빵을 만들고 전달하는 전체 과정에서 친환경적인 방법을 실천하는 데에서도 나타난다. 빵 하나 만드는데 손이 이렇게 많이 가는지 몰랐다. 게다가 반복하는 일이다 보니 귀찮거

나 지루하다고, 또는 효율을 위해 단계를 건너뛸 수도 없다. 하나의 목표를 향해 높은 수준의 집중력과 끈기, 시간과 노력을 아끼지 않아야 한다. 한마디로, 정성이다. 이것이 소사베이커리 빵의 비밀이다.

소사베이커리의 세계관은 따뜻한 공동체가 중요했던 과거의 호모 사피엔스를 떠올리며, 그들이 살았을 것 같은 풍경을 디자인 모티브로 삼았다. 그래서 각 지점의 오프라인 공간이 마치 동굴 내부인 것처럼 느껴지도록 디자인했다. 더욱 자연스러운 느낌을 위해 흙, 돌처럼 자연에서 얻은 재료를 사용했다. 그리고 모든 공간의 모서리를 곡선으로 처리하고, 천장을 불규칙적인 형태로 디자인하여 실제 동굴 같은 브랜드 공간을 현실적으로 구현하려고 노력했다. 공간 디자인뿐만 아니라, 동굴 벽화와 같은 원시적이며 큼직하고 단순한 표현을 그래픽 디자인의 기준으로 정했다. 이렇게 만들어진 브랜드는 고객들로부터 '동굴카페', '동굴빵집'으로 불렸다.

브랜딩 에이전시는 주로 B2B(기업 간 거래) 형태의 사업을 진행하지만, 빵집은 B2C(기업과 소비자 간 거래)의 영역이다. 빵으로 낯선 사람과 가볍게 연결될 수 있다는 건 이 사업의 매력 중 하나이다. 브랜딩의 본질은 결국 사람들 사이의 관계와 연결에서 비롯된다고 믿는다. 현재는 매장을 열고, 빵을 만들며, 주문을 받는 등 기본적인 운영에 집중하고 있지만, 이 부분이 안정화되면 각 지점을 단순한 판매 공간이 아니라, 사람들이 모여 이야기를 나누고,

서로의 삶을 공유할 수 있는 따뜻한 커뮤니티의 장으로 만들 계획이다. 마치 촉감놀이를 하는 것처럼 빵 만들기의 즐거움을 직접 경험하고, 자신이 만든 빵을 타인과 나눔으로써 소박하고 사소한 행복을 느낄 수 있으면 좋겠다.

대부분 나만의 브랜드를 시작할 때, 세상의 요구를 파악하기 위해 애쓰는 것 같다. 심지어 자신이 하고 싶은 요리가 있더라도 세상이 원하는 요리가 있다면 마음이 흔들려 방향을 곧잘 바꾸기도 한다. 현재 세상에서 원하는 기술, 디자인, 패션, 문화 등을 '트렌디하다'고 표현한다. 세상은 참 변덕스러워서 지금 뜨겁게 원하는 것도 금방 사라지고, 곧 다른 것을 원하게 된다. **세상이 원하는 브랜드가 아니라 세상이 필요로 하는 브랜드를 만들자.** 세상이 원하는 브랜드는 트렌디하기 때문에 생명이 짧을 수 있다. 반면, 세상이 필요로 하는 브랜드는 오랜 시간이 지나도 그 가치나 필요성이 변하지 않는다. 그런 브랜드의 기능 또는 의미는 삶과 밀접한 관계가 있다. 삶과 밀접한 브랜드는 오래 지속된다. 그리고 시간이 지나도 고객과의 감정적인 연결을 유지하는 본질적인 가치와 철학을 갖고 있다. 이런 브랜드가 바로 고객에게 신뢰받는 브랜드가 된다. 생각 끝에 우리는 단순히 트렌디한 빵집이나 카페보다는 더 깊은 본질을 추구하는 브랜드를 만들고 싶었다.

상상이나 했을까? 동네 상권만이 아니라 여러 지역에서 고객들과 빵과 카페를 사랑하는 인플루언서들도 연이어 방문했다.

덕분에 연락이 뜸한 지인들의 얼굴도 볼 수 있었다. 대형 백화점에서 유리한 조건으로 입점 제안을 받았으며, 국내 주요 항공사의 여행 잡지와 커피 전문 잡지에도 빵집이 소개되었다. 부산대 주요 상권에서 떨어진 곳에 위치한 소사베이커리 1호점은, 15평 남짓한 작은 공간에서도 일 년에 약 2억 원의 수익을 기록했다. 최근엔 대구 현풍 지역에 2호점을 오픈하고, 강릉과 중국 광저우에서 투자자가 생기기도 했다. 광고 한 번 없이 말이다.

이 모든 경험을 통해 얻은 가장 큰 교훈은 브랜드를 직접 운영하는 것과 브랜드를 개발하고 리뉴얼하는 것은 완전히 다른 차원의 일이라는 것이다. 지난날과 달리 마음의 자세가 달라졌다. 덕분에 고객사의 문제를 훨씬 더 깊게 이해하고 체감하게 되었다.

얄
핀터레스트에서 보던 영감물. 나도 그런 결과물을 만들고 싶었다. 스스로 만족스러울 만한 세계관을 만들어, 현실에서도 구현해내고 싶었다. 또 그런 공간이 클라이언트들에게는 참신한 레퍼런스가 되기를 바랐다. 부산점을 처음 열 때는 경험이 부족했지만, 좋은 것을 만들어낼 수 있다는 믿음 하나로 어려운 길을 택했다.
'마치 따뜻하고 포근한 빵 속으로 파고 들어가 빵을 먹는 건 어떤 느낌일까?' 공간을 기획해본 사람이라면 알 것이다. 빵동굴 같은 독특한 인테리어는 시공하기 어렵고 만족스러운 결과를 보장하기 힘든 일이라는 것을. 그래서 우리는 조각가분들을 모셔다 직접 공간을 하나하나 깎아 나가며 완성했다. 그 결과, 공간 자체만으로도 이슈가 되어 사람들이 줄을 서고 블로그 후기가 넘쳐나는 브랜드가 되었다.

많은 이들이 자신만의 브랜드를 꿈꾸지만, 진짜 자기만의 길은 그 누구도 걷지 않은 길이라 선명하지 않다. 길을 걷는 과정은 험난하고, 쉽게 상처받을 수 있다. 그럼에도 불구하고 우리가 소사베이커리를 만든 건, 핀터레스트에서 보는 그런 멋진 작업을 넘어서는 더 큰 의미가 있었기 때문이다.

이 모든 과정을 거치며 문제를 해결해 가는 수년간의 시간은 나를 말만 하는 디렉터나 기획자에서 벗어나게 해주었고, 진정한 사업가의 마음을 이해하게 해주었다. 장소가 핫플처럼 잠시의 인기를 끌 수는 있지만, 진정한 브랜드를 발견하고 핫플을 만들어내는 안목은 가치가 떨어지지 않는 주식이 되리라 믿는다.

조이　내가 사업을 하게 될 줄은 꿈에도 생각하지 못했고, 빵집을 열게 될 거라고는 더욱 상상도 못 했다. 그런데 어느 날, 오가 우리 모두를 불러 모아 제안했다. 부산대 출신 니콜과 함께 빵집을 열어보자고. 당시엔 오를 제외한 모두가 반대했다. 일손이 부족한 상황에서 프로젝트만으로도 벅찼기 때문이다. 그리고 무엇보다 니콜에 대해 아무것도 몰라서 신뢰하기 어려웠다. 하지만 오 역시 니콜에 대해 잘 알지 못한 건 마찬가지였다. 그럼에도 니콜에게 투자하고 싶어 한 이유가 궁금했다. 오의 결정은 니콜에 대한 믿음 때문만은 아니었다. 아마도 빵집을 통해 브랜티스트가 경험해보지 못한 새로운 성장을 기대했던 것 같다. 오의 고민과 결정은 틀리지 않았다.

먼저, 정성을 다하면 완벽하지 않아도 고객들이 그 마음을 알아주고 응원해 준다는 것을 알게 되었다. 빵집이 아니었으면, 평생 만나지 못할 것 같은 귀한 사람들을 만났다. 그들과 밥을 먹고, 좋아하는 것을 나눌 정도로 깊은 관계를 맺게 되었다.

두 번째는 내 주변 사람들과 함께 할 수 있는 일들을 상상하기 시작했다. 언젠가는 우리 곁의 뮤지션들이 빵집에서 공연하고, 사람들과 따뜻한 이야기를 나누는 모습을 그려본다. 마지막으로 이 모든 것을 동료들과 함께 울고 웃으며 만들어가는 과정이 너무도 자랑스럽고 사랑스럽다. 마치 든든한 자식을 얻은 기분이다. 소사베이커리의 시작은 내 선택만이 아니었다. 동료를 믿고 따른 결정 덕분에 가능했던, 특별한 경험의 연속이다.

회복 탄력성

피자 브랜드, 빵긋피자

Who	Problem	Solution
특별한 오프라인 피자 브랜드를 만들고자 하는 사람.	자극적이지 않고 부드러워 속이 편한 '빵 같은 피자' 브랜드를 만들고 싶어요.	빵이 맛있는 '빵긋피자'로 브랜드 개발 및 빵긋 웃는 세상이 올 때까지 '속이 편한 소식'을 나누는 채널을 운영합니다.

매일 작은 실패와 성공을 맛본다. 어떤 문제가 닥쳐도 지혜롭게 해결할 수 있을 거란 믿음은 더 큰 문제가 찾아오면 물거품이 된다. 산 넘어 산이다. 규모는 작지만, 큰 조직을 이끄는 꿈을 꾸며 온갖 어려움과 불안, 외로움에도 굴하지 않고 인내했다. 적절한 공감을 받기 어려울뿐더러 약한 모습은 조직을 전략적으로 불리하게 만든다고 생각해 지금껏 누구에게도 허심탄회하게 얘기를 꺼내지 못했다. 잘한 것만 보여 줬다.

브랜티스트 첫 번째 자체 브랜드 '소사베이커리'가 사람들에게 생각지 못한 사랑을 받자 다음에 뭘 하든 잘 될 거란 믿음을 갖게 됐다. 이 믿음을 바탕으로, 용기를 내어 더 큰 금액을 투자해 연남동에 피자 브랜드 빵굿피자를 오픈했다. 빵굿피자는 '빵이 맛있는 피자'를 의미한다. 다같이 피자를 먹을 때 보면, 도우를 남기는 사람을 자주 발견한다. 도우가 너무 질기고 두꺼워서, 금방 배부르고, 살찐다는 생각 때문이다. 그래서 패스트리를 사용하여 가볍고, 바삭한 피자를 만들었다. 맛있어서 빵굿 웃을 수 있는 피자를 만드는 게 목표였다. 하지만 예상과 다르게 어려움에 부닥치고 시간이 지날수록 심리적 균형을 유지하기 쉽지 않았다. 집에 돌아와서는 무거운 근심에 눌려 겨우 잠들곤 했다. 이어서 건강에도 적신호가 왔다.

함께한 동료들을 포함하여 같이 운영하기로 결정한 사업 파트너까지 각자 할 수 있는 최선을 다했다. 브랜드 개발에 필요한 모든 업무와 피자 전문가, 칵테일 전문가까지 섭외하여 밤낮없이 메뉴를 개발하고, 눈으로 보는 맛도 중요하게 여겨 능력을 백분 활용하여 피자와 음료 디자인도 했다. 리소스가 많이 필요해 매번 미루었던 유튜브까지 했다. 그럼에도 불구하고 실패할 수 있다는 걸 깨달았다. 어렵게 모은 투자금은 빛을 보지 못하고 사라졌다.

하지만 최선을 다했으니 됐다. 우리가 생각하는 것과 달리, 통계상 외상후 성장(PTG)의 사례가 외상 후 스트레스 장애(PTSD)보다 더 많다고 한다. 아마 사극적인 내용을 선호하는 미디어가 PTSD에 대한 이야기를 더 많이 다루기도 했고, PTSD와는 달리 PTG는 별도의 치료나 상담이 필요하지 않은 경우가 많아서 넘어가는 경우가 많기 때문일 것이다.

PTG는 사람들이 트라우마로 남을 수 있는 실패를 겪고 결국은 회복하여 다면적인 성장을 한다는 의미로 해석할 수 있다. 다시 말하면, 회복 탄력성이다. 어려움이나 위기, 실패에 직면한 뒤에 본래 상태로 돌아오는 힘을 뜻한다. 전통적인 서사 구조를 살펴보면, 서사가 되기 위한 조건, 또는 주인공이 되기 위한 조건으로 볼 수 있을 것 같다. **브랜드가 서사를 가지기 위해선 주인공이 실패를 겪고 회복하는 과정이 꼭 필요하다.** 더욱 중요한 건 이런 과정을 감추거나 생략하지 말고 오히려 드러낼 필요가 있다. 이제는 한 발짝 물러서서 지금까지 매겼던 가치들을 재평가하고 사고방식과 시스템에 대한 합리적인 의심을 해 볼 계획이다. 다음 도전을 위해서. 우리 모두 브랜드의 주인공이자 인생의 주인공이 되자.

알 나는 작은 일에 스트레스를 더 많이 받는 편이다. 나의 하루가 작은 일들로 구성되어 있기 때문이다. 작은 일들이 모여 내 삶을 움직이는 원동력이 된다. 만약 오늘 작은 일 하나를 망쳐버리면, 내일까지 이어질 것 같은 느낌이 들고, 그러면 내 시야가 근시안적으로 변하면서 삶에 대해 부정적으로 생각하게 되는 것 같다. 그래서 매일 회복 탄력성을 갖는 것이 중요하다. 이런 생각 때문에 나는 피자 브랜드와 같은 사례를 꼭 다른 사람이 겪어야 한다고 생각하지 않는다. '군대 가봐야 정신 차리지!'라는 말처럼 들린다. 이보다는 일상 속 작은 하나하나를 우습게 생각하지 않는 태도가 중요하다고 생각한다. 작은 일에서 배울 점과 해결책을 지속적으로 찾는 습관이야말로 회복 탄력성을 키우는 좋은 방법이 될 것이다.

조이   나 혼자서 실패한 게 아니라, 동료들과 함께 만들었고, 힘께 문을 닫았다. 그래서 시간이 흘러도 그 경험은 우리의 히스토리로 남아, 다른 사람에게 이야기할 수 있는 것 같다. 오히려 제일 힘든 순간은 내 옆에 있는 동료가 번아웃을 겪었을 때였다. 그럴 때마다 내가 우선 단단하게 서 있으려고 한다. 반대로 내가 번아웃을 겪을 때는 내 옆의 동료들이 나를 다시 일으켜 줬다. 이런 과정이 반복되면서 우리 모두 성장하고, 우리의 관계도 성장한다. 만약 내 실패가 혼자만의 것이었다면, 아마 그 기억을 잊었을 거다. 그만큼 아프고 견디기 힘든 기억이기 때문이다.

비전

대의

누군가는 내가 추구하는 생각이 순진하며, 현실에서 동떨어져 있고, 감정에 치우쳤다 생각할 수도 있다. 하지만 브랜드의 진정한 본질을 깊게 탐구해 본다면, 그들의 생각이 달라질지도 모른다. 브랜드가 속해 있는 자본주의나 시장주의 체계가 인간의 이기심을 바탕으로 움직이지만, 보다 많은 사람을 아우를 수 있는 대의가 없으면 제대로 작동하지 않는다.

진화적 시각으로 보면, 호모 사피엔스가 네안데르탈인을 포함한 다른 종족에 비해 성공적으로 살아남는 데 큰 역할을 한 것은 단순한 개인의 이기심이나 경쟁 본능이 아닌, 미래 세대를 위한 공동체 의식과 서로 다른 개인들과 협력하는 이타적 정신이라고 알려져 있다. 경제적인 시각으로 보면, 자본주의는 따뜻함과 차가움을 얘기하지 않지만, 다수의 사람을 고려하지 않으면 개인과 브랜드가 살아남을 수 없다는 건 자명한 사실이다. 일본의 최저임금 인상 추세, 미국 중심의 양적완화 정책, 근로 시간 축소와 여가 시간 확대 모두 결국은 다수의 소비를 촉진시키기 위한 배경이 있다.

　　잘 먹고 잘사는 소수의 경제적 엘리트나 세계적인 브랜드가 존재하려면, 더 많은 사람이 소비할 능력을 가져야 한다. 나아가, 더 많은 사람의 인정을 받아야 한다. 그러기 위해선 다수를 아우르는 명분과 대의가 필요하다. 이러한 명분과 대의 없이 오로지 개인적 이익만을 추구하는 개인과 브랜드보다는, **다수가 함께 잘 사는 미래를 위한 비전을 제시하는 따뜻한 유대감을 가신 개인과 브랜드가 더 오래 인정받고 살아남을 가능성이 높을 것으로 생각된다.**

　　이런 측면에서 대다수가 높게 평가하는 애플(Apple)이란 브랜드도 아직은 안심하기는 이르다. 스마트폰을 포함한 제품이 선풍적인 인기를 끌고 있지만, 알려지지 않은 이면의 모습에 대한 의혹이 제기됐다. 그중 하나는, 스마트폰을 많이 팔기 위해서 배터리 성능을 고의로 저하하는 것이다. 쓰고 남은 배터리들은 버려져 환경에 큰 부담을 주어 가나의 아그보그블로시 지역은 폐배터리와 다른 전자 폐기물로 인해 세계에서 가장 오염된 지역 중 하나가 되었다. 그런데도 그 지역에 사는 빈곤한 주민들은 생계를 위해 폐기물 더미에서 쓸 만한 것들을 찾아 종일 헤매고 다닌다. 제품 디자인과 사용자 경험은 체계적이고 혁신적으로 이루어지지만, 폐배터리 처리와 같은 부분에서는 그러한 체계와 혁신을 찾아보기 어렵다.

아직까지 의혹이 해소되지 않았지만, 이렇게 대다수 사용자가 모르는 이면이 있을 수 있다는 가능성만으로도 충격을 받았다. "믿을 놈 하나 없다."라는 말이 이 상황에 딱 어울릴 것이다. 애플만이 아니라 다른 브랜드들 역시 알게 모르게 이와 유사한 문제를 가지고 있을 거로 생각되었다. 결국 이러한 브랜드는 더 나은 세상을 만들겠다는 비전을, 자신들의 제품과 서비스를 소비할 수 있는 사람에게만 제시한다. 가나의 폐기물 지역 주민이나 리튬 광산에서 환경 호르몬에 노출되는 이들과 같이 애플 제품과 서비스를 소비할 수 없는 사람들을 위한 비전이 아니다.

애초에 배터리 수명을 2년이 아니라 10년 이상으로 설정하면 되지 않을까? 만약 환경운동가 그레타 툰베리(Greta Thunberg)가 경고하는 세상이 현실화된다면, 상당수의 기존 애플 사용자는 지구의 건강을 위해 애플 제품을 선택하지 않을 것이다. 이런 변화가 감지되면 주가는 하락하게 되고, 투자자들 역시 등 돌릴 것이다. 자연스레 다음 해에 출시할 제품의 완성도는 떨어질 것이고, 그런 사실에 실망한 나머지 사용자는 애플 제품을 구입하기 주저할 것이다. 몰락의 길을 걷기 시작하는 것이다.

지구의 건강에 진심인 의류 브랜드 파타고니아(Patagonia)의 미션은, "우리는 우리의 터전, 지구를 되살리기 위해 사업을 합니다(We're in business to save our home planet.)"이다. 그런데 가만히 생각해 보면, 전 세계에 판매하기 위해 대규모로 의류를 생산하는 과정에서 상당한 자원을 소모하고 환경에 부담을 주게 된다. 예를 들어, 티셔츠 한 장을 만드는데 물 2,700리터가 소모된다고 한다. 이는 한 사람이 900일 동안 마실 수 있는 양이다. 그 외에도 염색이나 방수 기능을 더하기 위한 과정에서 다양한 화학 염료가 사용되고, 화학 처리가 이루어진다. 이 과정에서 자연에 그대로 배출되는 순간 환경에 부담이 된다. 물론, 완전히 환경에 해를 주지 않는 방식으로 사업을 운영하는 것은 현실적으로 어렵다고 생각한다. 파타고니아는 이러한 모순을 인식하고, 가능한 한 지속 가능한 방법을 찾기 위해 노력하는 브랜드라는 점도 알고 있다.

세계적인 의류 브랜드 가운데, 환경을 위해 파타고니아만큼 노력하는 브랜드는 드물다. 이러한 노력 때문에 소비자가 파타고니아를 선택하고, 지지하는 것으로 해석된다. 노력하는 브랜드가 흔치 않은 이유로, 파타고니아를 대안으로 선택하는 현상은 아쉽다. 앞으로 기후 위기가 점점 심각해질수록, 가치 소비가 성숙해질수록, 소비자는 단순한 대안이 아닌 최고의 선택을 찾게 될 것이다. 미래에는 대부분의 의류 브랜드가 파타고니아처럼 환경을 위한 노력을 강화할 것으로 예상된다. 마치 코로나가 우리의 생활에 위협을 끼칠 때, 국가와 기업의 구분 없이 백신 개발에 모든 노력을 집중한 것처럼 말이다.

환경적인 노력이 다수에게 인정받는 대의의 전부는 아니다. 사회적 이슈들 역시 시장의 주목을 요구하며, 브랜드의 대의가 될 수 있다. 전 세계적으로 성에 관한 무지와 잘못된 인식으로 인해 여러 문제가 발생했다. 성차별, 부족한 정보와 열악한 환경에서 오는 성병 문제, LGBTQ 공동체에 대한 혐오 문제, 성폭력, 피임 관련 이슈 등 문제의 심각성에 비해 인식의 변화가 느린 편이다. 원인은 복합적이겠지만, 각국의 사회 분위기가 대체로 성에 관한 주제를 다루는 것이 금기로 여겨져 왔기 때문일 것으로 생각된다.

지자체, 정부, 국제기구들의 노력과는 별개로, 브랜드 바른생각은 이 문제를 참신하게 해결하는 방식으로 대중의 인식을 바꾸는 데 성공했다. 이것은 브랜드가 사회적 변화의 주역으로서 중요한 역할을 할 수 있다는 것을 입증한 사례이다. 바른생각은 "올바른 생각이 모여 문화가 된다."라는 슬로건과 함께 이전에 감추어진 문제를 수면 위로 드러내, 자유롭게 이야기하는 게 터부가 아니라는 인식을 이끈다. 더 나아가 커플 간의 조언, 성교육 콘텐츠 제공, 성인식 실태와 성문화 보고서 발행 등 직접적인 매출로 이어지기 어려운 활동에도 시간과 노력을 쏟는다.

덕분에 브랜드의 사명이 대중에게 알려지게 되고, 메시지에 진심을 느낄 수 있게 된다. 콘돔 브랜드 인지도 조사 결과, 바른생각이 국내 브랜드 선호도 1위를 차지한 이유가 '브랜드 메시지가 좋아서'였다. 이렇게 **시장에 무언가를 판매하는 것이 단순한 상업적 거래를 넘어 사회에 더 큰 가치를 제공하는 수단이 될 수 있다는 것을 깨달을 때, 판매는 사회적 기여가 될 수 있다.** 고객은 제품만을 구매하는 것이 아니라, 그 안에 담긴 사회적 관심도 함께 구매한다.

이렇게 보면, 판매는 사회적 기여 그 자체이다. 우리는 판매 활동을 통해 시장에 대한 깊은 통찰을 얻어 자연스럽게 해당 분야의 전문가로 성장하게 된다. 전문가는 사람들 삶의 질 향상에 기여할 수 있다. **이처럼 브랜드는 환경이나 평등 같은 큰 사회적 이슈에 대한 메시지를 전달하는 역할을 할 수 있으며, 더 나은 삶을 위한 길잡이가 될 수 있다.** 어쩌면 무언가를 팔기 때문에 누군가에게 전달할 수 있는 명분이 생기지 않을까 생각해 본다. 궁극적으로 브랜드와 자본주의 체계의 깊은 본질은 다수의 사람을 아우르는 대의에 뿌리를 둔다는 걸 알 수 있다.

알 많은 사람이 브랜드의 비전, 미션을 상투적인 표현으로 여긴다. 심지어 브랜딩 에이전시에서 형식적으로 브랜드 철학을 제안하는 것도 경험했다. 하지만 우리의 대의는 돈을 벌기 위한 도구가 아니라, 자본주의 체제를 활용하여 사회와 시장의 생태계를 더 나은 방향으로 이끄는 것이다. 소비자들은 이 대의에 투자하는 것이며, 실제로 제품의 기능적 가치를 넘어 브랜드의 도덕적, 사회적, 문화적 가치를 이해하고 소비하는 세상이 형성되어 있다. 브랜드를 운영하는 사람들과 브랜드 기획자 및 디자이너들도 이 대의에 집중한다면, 우리가 원하는 방향으로 세상을 변화시킬 건강한 경제체제가 자본주의의 문제를 보완할 것이다.

조이 SNS에서 순간 눈길을 끄는 사진을 봤다. 나무로 만든 메뉴판이었는데, 주위로 알록달록한 제철 채소들이 같이 놓여 있었다. 궁금해서 곧장 예약하고 찾아갔을 때, 계절을 느낄 수 있는 제철 식재료로 가득한 상이 나를 기다리고 있었다. 사장님께서는 음식에 대한 설명을 하며 하나의 테이블에서 또 다른 손님들과 자연스럽게 각자가 생각하는 잘 먹는 경험에 대해 이야기 나누었다. 그렇게 처음 '공간 사부작'을 경험했다.

나는 지금까지 음식에서 맛의 자극만을 추구해왔다는 사실을 알게 되었다. 사장님의 음식 철학과 글을 깊이 들여다보면서, 나도 그분을 닮고 싶었다. 결국 1년간의 부탁 끝에 그분의 제자가 될 수 있었다. 선생님께서 가르쳐주신 요리는 단순한 레시피가 아니었다. 잘 먹기 위해서는 재료를 알아야 하고, 그 재료가 자라나는 자연을 이해해야 했다. 그 과정에서 건강한 자연을 만들기 위한 노력도 중요했다. 선생님은 땅에서부터 우리 식탁까지 오는 과정을 중요하게 생각하셨고, 재료의 생산자를 알고, 그들의 진실된 생산 방식을 알리고 응원하셨다. 선생님은 잘 먹는 것에 대한 연구를 멈추지 않으셨고, 연구한 내용을 공간을 통해 사람들에게 알리고 SNS에 기록하셨다.

덕분에 건강한 자연을 지키려는 사람들과 건강한 먹거리를 위해 작은 노력을 기울이는 사람들이 생겨나기 시작했다. 함께 잘 먹는 것이 무엇인지 고민하기 시작했다. 서로를 공감하고 응원하며, 또 다른 누군가에게 전하기도 했다. 선생님의 삶을 보며, 한 명의 목소리가 세상을 변화시킬 수 있다는 것을 배웠다.

미래

미래엔 무엇이 높은 가치로 여겨질까? 앞으로의 세상은 어떤 면에서는 더욱 가혹할 수도, 반대로 복잡한 것들이 단순해지면서 평화로울 수도 있다. '진짜'가 살아남는 세상이 될 것이다. 어설프게 흉내 내는 사람들은 사라져갈 것이다. 그렇다면 진짜란 무엇일까? 스스로 삶의 의미와 철학에 대해 깊이 생각하는 사람, 타인을 배려하고, 진심으로 마음을 나누는 방법을 고민하는 사람, 또는 그런 가치를 지닌 제품과 서비스를 선보이는 사람들이 진짜로 여겨질 것이다. 이런 가치는 말하지 않으면 알 수 없고, 말을 하더라도 진짜로 받아들이는 건 다른 문제다. 꾸준하고 일관된 말과 행동을 통해 얻을 수 있는 타이틀이다.

너무 완벽해 보여서 엄두도 내지 못할 수도 있다. 그래서 쉬운 한 방을 노리는 사람들도 동시에 많아지는 것 같다. 다행히 노력하는 과정의 모습만으로도 충분한 가치가 있다.

세상엔 없는 게 없다. 어쩌면 모든 산업이 치열한 경쟁의 레드오션으로 여겨질 수 있겠지만, 진짜에게는 어디든 블루 오션처럼 보일 것이다. 브랜드 역시 이런 관점에서 바라봐야 할 것이다.

얄
요즘 나는 아주 지극히 개인적인 TMI가 좋다. 미술을 전공하는 친구들 사이에서 자주 나오는 얘기가 있는데, "너무 개인적인 건 일기장에서나 하는 거지, 예술 작품으로 만들면 안 돼."라는 것이다. 왜냐하면 사람들이 이해도 못하고, 관심도 없기 때문이다. 하지만 나는 조금 다르게 생각한다. 일기장 같은 작품이 오히려 사람의 마음을 움직일 때 그게 '진짜'라고 느껴진다.

환기미술관에 가면, 김환기 작가의 편지를 전시한 섹션이 있다. 그림으로 가득 찬 편지들이다. 김환기 작가는 추상화로 유명한데, 그 편지를 보면 마치 다른 작가 같다. 사람들이 이런 반전에 매력을 느끼는 것 같다. 그 사람의 진짜 감정이 느껴지는 일기장 같은 작품이 나에게는 진정성 있게 다가온다. 이야기를 자랑하려는 게 아니라, 있는 그대로를 표현하는 것에서 진심을 느낄 수 있는 것 같다. 개인적인 이야기의 진정성에서 시작하면 블루 오션이라고 생각한다.

조이 카페 운영과 다수의 브랜딩 프로젝트를 경험하며, 내린 결론은 카페의 생존과 성공에 있어 운영자의 진정성이 핵심이라는 것이다. **브랜딩과 트렌드만 강조하여 운영 대상이 사람다움을 잃어버리면, 그 공간은 시간이 흐름에 따라 사라지게 될 것이다.** 따라서 카페를 운영하면서 운영자의 정성과 마음이 고스란히 전해져야 한다. 그뿐만 아니라 카페에서 손님들과 소중한 관계를 형성하고 진심으로 대화를 이끌어내야 한다. 이러한 노력이 쌓일 때, 어떤 환경에서도 흔들리지 않고 굳건하게 나아갈 힘을 얻을 수 있다고 믿는다.

한편, '아이덴티티커피랩'은 예전에 홍제동에 있었던 카페로, 최근에 서교동으로 이전했다는 소식을 들었다. 내 주변에 있어서 그런지 자연스럽게 끌림을 느끼게 되었다. 종종 회사 동료들과 반려견 보리와 함께 점심 산책 삼아 카페에 들렀다. 단 몇 번의 만남으로 바리스타는 우리의 커피 취향을 기억해 주었다. 아이덴티티커피랩의 팬들은 '티디'라는 애칭으로 카페를 부르는데, 아직도 이유를 모르겠다. 카페 대표의 이야기를 듣기 전까지는 카페의 정체성을 알 수 없을 것 같다. 그럼에도 진정성을 느끼며 응원하고 좋아하는 카페로 남아 있어 누군가에게 추천하고 싶다. 보통 사람들은 커피의 맛 차이를 크게 느끼지 못하는데도 불구하고, 자신이 찾는 카페가 있다는 것은 무의식적으로 '진짜'를 감각하기에 가능한 일이라고 생각한다.

브랜딩 과정에서
우연을 끌어내는 의도가 필요하다.
그 이후에 펼쳐질 이야기는
이 세상 그 누구도 알 수 없다.

세상이 필요로 하는 브랜드는
오랜 시간이 지나도
그 가치나 필요성이 변하지 않는다.

3장

우리가 발견한 지문

사라졌다.

사람들의 손가락 끝에 지문이 사라져 버렸다. 지문은 서로의 다름을 상징하는 것이었는데, 그 상징이 사라진 것은 바로 정체성의 상실을 의미했다.

사람들이 점점 비슷해지기 시작했다. 비슷한 색상의 옷을 입고, 비슷한 헤어스타일을 하고, 비슷한 말투를 사용한다. 겉모습뿐만 아니라 생각도 비슷해져 간다. 마치 무대 위의 인형들처럼, 모두 같은 표정과 같은 목소리로 움직인다. 더 심각한 문제는 비슷한 생각을 가진 사람들이 비슷한 제품과 서비스의 생산으로 이어졌다는 점이다. 쇼핑몰은 비슷비슷한 디자인과 기능을 가진 물건들로 채워지고, 가격 경쟁력이 떨어지는 수많은 소규모 회사들이 줄줄이 문 닫았다. 그리고 도시는 심각한 가난에 빠졌다.

그러나 도시 한 구석에, 조용히, 하지만 강력하게 이 사건을 연구하는 작은 조직, 브랜티스트가 있었다. 그들은 사람들의 손가락 끝에 미세하게 남아 있는 흔적을 찾아내, 각자의 고유한 '지문'을 되찾는 기술을 가지고 있었다. 이 문제의 심각성을 인식한 일부 사람들은 잃어버린 정체성을 되찾기 위해 조직을 찾아왔다.

작은 변화들이 점차 퍼져나가 도시는 다시 생기를 되찾았다. 서서히 자신만의 스타일을 찾기 시작했고, 생각을 자유롭게 표현했다. 틈새시장을 노린 고유한 브랜드가 하나둘씩 등장하면서, 경제에 새로운 활력을 불어넣었다. 이러한 변화는 서로의 다름을 존중하고 이해하는 문화로 이어졌다. 그리고 이전에는 경험하지 못한 다양성의 아름다움을 느끼게 되었다. 이 여정을 함께한 이들이 있다. 이들과의 관계는 단순한 업무를 넘어 서로의 삶과 업의 정체성을 재조명하는 데 필수적인 관계가 되었다.

이제는 그들의 목소리를 통해 들어 보자.

김준영

클래식 공연을 만드는 사람

브랜티스트는 프로이면서 아마추어입니다. 프로가 어떤 일을 전문으로 하거나 지식과 기술을 가진 자를 의미한다면, 아마추어는 어떤 일을 취미로 삼아 즐겨하는 사람을 뜻합니다. 그들의 작품에서는 전문적인 지식과 기술이 들어가 있는 것은 물론이고, 즐기면서 작업했다는 인상을 진하게 받습니다. **기성 업체에서 찾아볼 수 없는 '정제되지 않은' 예술성을 느낄 수 있습니다.**

브랜티스트는 질문이 많습니다. 늘 클라이언트, 특히 사업 담당자에게 프로젝트에 대한 높은 이해도를 요구합니다. 담당자가 프로젝트를 깊게 이해하면 할수록, 브랜티스트의 '질문'에 잘 대답할수록, 브랜티스트 '작품'의 깊이도 깊어집니다.

브랜티스트는 인간적입니다. 그들과 함께 일하고 있으면 오래된 친구와 이야기하는 느낌을 진하게 받습니다. 비즈니스 파트너와 개인적인 인간관계를 따로 구분 짓기보단 만나는 모든 상대를 솔직하게, 진심으로 대한다는 것이 느껴집니다.

그런 그들과 함께 협업하는 과정은 일한다기보다는 '함께 노는' 느낌을 받습니다. 비즈니스 파트너에게 느끼기 힘든 이런 특별한 관계를 오래도록 함께하고 싶습니다.

백우수

스몰 브랜드 기획자 | 콘텐츠 에디터

브랜드 일을 해서 좋은 점이 하나 있다. 바로 조금 덜 외롭다는 것이다. 낯선 곳, 낯선 사람들 사이에서 나를 아는 브랜드가 조용히 윙크할 때, 나는 영원히 나와 따로일 것만 같은 이 세상이 조금은 덜 외롭다.

오는 '깊고 넓은 관계'를 꿈꾸는 사람이다. 한때 나는 그 꿈이 불가능하다고 생각했다. 그러나 가까이 들여다보면 브랜티스트가 걸어온 길에는 아름답고 드문 관계의 꽃들이 피어 있음을 알 수 있다. '창백한 푸른 점' 이야기를 하지 않아도 우리는 충분히 사소하고 외롭다. 브랜티스트가 뿌린 관계의 씨앗이 세상을 조금 더 살만한 곳으로 만들어 주기를 응원한다. 적어도 그들이 만드는 브랜드를 사랑하는 사람들에게는.

최장순

LMNT 대표 | 브랜드 철학자 | 크리에이티브 디렉터

브랜티스트라는 이름은 독특하다. 상업의 최전선에 서 있는 브랜드와 개인의 세계관이 전부인 아트가 아무렇지 않게 결합되어 있으니 말이다. 이 결합될 수 없는 단어가 이들을 보면, 원래 있었던 단어처럼 느껴진다.

그들은 영락없는 큐레이터였다. 통상 남의 작품만 소개하는 큐레이터들과 달리, 자기 작품과 세계를 드러내는 색다른 큐레이터였다. 자신들이 지향하는 세계를 설명할 땐 최대한 겸손하고 조심스러웠다. 세계는 그렇게 조심스레 다뤄야 할 경이의 세계였고, 그런 세계를 마주한 그들도 겸손하고 조심스러웠다. 세상은 어떻다는 정의를 내리기보다, 세상은 이런 것 같다는 사진과 회화, 상업 작품 등을 보여주며, **공적인 브랜드라는 세계에 사적인 예술을 가미하고 있었다.** 그들의 작업은 그렇게 밸런스를 갖추고 있고, 그래서 자기 세계만 고집하는 고집스럽고 독단적인 아티스트의 모습을 이들에게선 발견하기 어렵다.

지금도 브랜티스트와 지근거리에 사무실을 두고 있다. 서로 바빠 왕래가 잦진 않지만, 조이가 데리고 다니는 반려 강아지 보리가 종종 우리 마당에 들러 존재를 남기고 가서, 만남의 공백을 메워주기도 한다. 그래서 난 보리가 자주 찾는 그 나무를 '보리수'라 이름 붙였다. 싯다르타가 앉아 묵상했던 그 보리수처럼, 사회적 관계에 대한 새로운 양상과 유쾌함을 보여준 브랜티스트를 묵상하기 위해서다. 이들이 첫 책을 낸다고 한다. 이 책이 아직 그들을 모

르는 사람들을 브랜티스트로 인도하고, 서로 유쾌하고 즐거운 관계를 맺을 수 있는 매개가 되길 바란다.

이지현

널위한문화예술 공동대표 | 예술옹호론자

아주 드물게 기존 데이터로는 해석할 수 없는 사람을 만난다. "어? 이런 사람은 처음이야." 이 생경하면서도 낯선 감각은 나를 긴장하게 만들지만, 아주 드물게 찾아오는 귀한 감정이기에 그 만남에 더 귀 기울이게 된다. 브랜티스트와의 만남도 그랬다. 예술가의 관점에서 브랜딩을 한다는 것 자체보다, 어떤 확신을 두고 이야기하는 그 에너지를 선명히 기억한다.

특별한 브랜딩을 하겠다고 외치는 사람은 많았지만, 결국 그것을 해내는 것은 사람이니까. 그렇게 그들의 행보에 호기심이 갔고, 우리는 하나의 프로젝트를 함께하게 되었다. 바로 500명 규모의 온라인 랜선 축제 '불, 가능성의 축제'였다. 코로나19로 인해 만남이 제한되던 때, 랜선으로도 우리는 연결될 수 있을까 실험해 보는 프로젝트였다. 우리는 모객부터 마지막 정산 순간까지 깔끔하고 아름답게 마무리할 수 있었다. 여러 프로젝트를 해봤지만, 브랜티스트와의 협업은 우리의 축제 이름처럼 어떤 뜨거움으로 기억된다.

돌이켜보면, 브랜티스트는 치열한 회의 끝에 밥을 차려 주기도 했다. 바쁜 상대의 시간에 맞춰 기꺼이 새벽에 화상 회의를 잡아 주기도 했다. 가끔 산으로 갈 때쯤이면 다시 본질을 건드리는 묵직한 질문을 날리기도 하고, 사진기를 꺼내어 멋진 프로필 사진을 남겨주기도 했다. 이런 순간들이 어쩌면 많은 프로젝트에서 생략되거나 제거되는 경우가 많다. 비용과 시간을 이유로, 또 효율을 핑계로, 무엇보다 그것이 프로다운 것이라 여겨지곤 하기 때문일 것이다. 그런데 수많은 프로젝트 중에서도 그들과의 협업이 이토록 기억에 남는 이유는 어쩌면 거기에 있지 않을까 생각한다.

브랜티스트가 하나의 사업체라면, 이건 어쩌면 영업 비밀이다. 그래서 나 또한 모른다. 그들이 크고 작은 많은 프로젝트를 하나하나 이끌어 가는 힘이 어디 있는지. **중요한 건 브랜티스트는 규격화와 효율화의 숲에서 다양성이라는 씨앗을 뿌리고 다니는 사람들이라는 것이다.** 하나의 개별 사례로는 그들의 비결을 결코 알수 없을 것이다. 나도 영원히 모르는 채, 그들의 부름에 다시 응답하고 싶다.

레이

기획자

브랜티스트와 처음 만났던 때는 몇 년 전이지만, 그건 중요하지 않습니다. 요즘에도 종종 브랜티스트가 생각나기 때문입니다. 우리는 살면서 많은 관계를 마주합니다. 개인적으로는 태도가 좋은 분을 만날 때 호감이 생기곤 합니다. 업을 대하는 태도, 사람을 대하는 태도 등 디테일한 상대방의 의도와 배려가 느껴지는 순간 사람에게 매료됩니다. 제가 만났던 브랜티스트는 '태도'가 따뜻한 분들이었습니다.

그들의 업을 대하는 태도는 함께 일할 때 설렘을 불러일으키는 힘이 있습니다. 교육 콘텐츠를 매개로 그들을 만났을 때, 본질적으로 수강하실 분들에게 도움이 되기 위해 진심으로 고민하고, 수강생들을 배려하는 그들의 세심한 사고들을 느낄 수 있었고, 이를 바탕으로 수강하신 모든 분이 진정으로 만족할 수 있는 프로그램을 기획할 수 있었습니다. 그 이후, 종종 그들의 한마디 한마디가 생각나곤 합니다. 세심한 배려를 위해 내어준 한마디, 본질을 고민하고 최선의 결과를 내기 위한 고민 등. 브랜티스트와 함께 관계하며 일을 할 수 있었던 시간은 길지 않았지만, 그 과정에서 그들의 태도를 경험하며 저 또한 배움을 얻고 성장할 수 있었습니다.

우리는 삶을 살면서 많은 관계의 접점을 맺습니다. 그리고 그 안에서 잊혀 가는 사람이 대부분일 텐데요. 브랜티스트와 만나본 분들은 알 수 있을 것 같습니다. **태도를 통해, 나를 기억할 수 있는 순간을 타인에게 선사할 수 있는 기회를, 더 많이 얻으실 수 있기를 바랍니다.**

박세란

영양사

브랜티스트와는 블로그를 통해 알게 됐어요. 해외 봉사 글을 보고 감명받았어요. 특히 가족사진 프로젝트, 보육원에서의 그림 봉사하는 모습을 보고 정말 멋져 보여서 댓글을 남긴 게 지금까지 관계로 이어졌죠. 낯설지만 꼭 함께해 보고 싶다고 생각했어요. '저도 함께 갈 수 있을까요?' 당시 용인에 살고 있던 저는 도전적인 마음으로 대구까지 버스를 타고 내려가서 브랜티스트를 만났어요. 생각했던 것보다 훨씬 멋진 분들이었죠. 그리고 며칠 후, 인도네시아 보고르로 함께 떠났습니다.

정말 멋진 순간은 몇 년 뒤 오가 그곳을 다시 찾아갔을 때, 아이들이 오를 기억하고 있었어요. 그때 정말 감동했어요. 제가 사진 전문가는 아니지만, 인도네시아 판자촌 지역에 사는 사람들에게 가족사진을 찍어주고, 인화하고 액자를 만들어 주는 작업을 돕는 일은 정말 보람차고 특별한 경험이었어요. 귀국 후에 다양한 봉사 활동에 참여해 보았지만, 브랜티스트와 함께한 경험은 그중에서도 특별한 경험으로 남아 있어요. 그래서 지금도 감사함을 느끼고 있죠.

브랜티스트의 서울 사무실 이전을 기념하는 파티에 초대받아 참석했어요. 파티에는 저만큼 특별한 인연이 많았어요. 매번 사무실 놀러 갈 때마다 제 고민을 털어놓기만 하는데도 항상 반갑게 맞아주는 브랜티스트. 아직도 블로그 닉네임 '봉봉이'로 저를 부르는 유일한 브랜티스트. 누군가에게 특별한 사람이 된다는 긴 침 좋은 일이에요.

이민서

리인 대표

처음 만난 날의 기억이 아직도 선명해요. 키 큰 모범생 같은 첫인상과 달리, 깊은 대화를 나누며 좀 더 다른 면모를 알게 되었고, 이어진 두 번째 만남이 기다려졌어요. 각자의 개성이 숨김없이 자연스럽게 드러나고, 일에 대한 열정이 느껴져서 매력적이었죠. 그리고 함께 일할 때나 친구로 만날 때, 언제나 배려 깊고, 말 한마디 한마디에 깊이와 따뜻함이 느껴졌어요. 그래서 그런지 우리의 인연은 오래 지속되고 있어요. 시간이 지날수록 더 빛나는 모습을 보여주었고, 앞으로도 계속 발전해 나갈 미래가 기대돼요.

오향준

뮤지션 설레게 멤버

브랜딩 프로젝트를 단순히 클라이언트의 요구사항을 충족시키는 작업이란 개념을 넘어 사람의 본질과 정체성에 깊은 중점을 두는 곳이라는 인상을 받았어요. 아티스트로서 제가 어떻게 세상에 더 강렬한 인상을 남길 수 있을지 대화를 통해 꼼꼼히 살펴주었고, 창의적인 방식으로 제 아이디어를 발전시켜 주었어요. 그래서 브랜티스트와의 만남은 저 자신에 대해 새롭게 알게 된 소중한 경험이었어요. **일이 아닌 사람 대 사람으로서의 진정한 만남이었죠.** 무엇보다도 이 팀을 사랑하는 이유는 대화를 사랑하고 건강한 에너지를 가진 집단이기 때문이에요.

이스라엘

뮤지션 위더스 멤버

밴드 앨범 디자인을 계기로 시작된 인연이 어느덧 5, 6년을 훌쩍 넘겼네요. 처음 만났던 그때가 아직도 생생하게 기억납니다. 각각의 멤버를 꼼꼼히 살피며, 각자 어떤 감정과 생각을 가졌는지 깊이 탐구하는 듯한 모습이 신기하게 느껴졌습니다. '예술'이라는 공통 분모 아래 서로 다른 삶을 사는 우리는 그렇게 대화를 통해 서로의 다양성을 즐겼던 것 같아요. 오는 간결하지만, 사색을 불러일으키는 질문으로 대화의 깊이를 더했어요. 조이는 늘 해맑은 미소와 따뜻한 말로 위로로 우리를 안아주었고, 얄은 생기발랄한 아이디어와 행동으로 모두를 즐겁게 했어요. 그리고 그 외의 브랜티스트와 대화를 통해 '이들은 독보적인 예술가다!'라는 생각이 들었어요.

특히 기억에 남는 에피소드 중 하나는 오의 결혼식과 집들이였어요. 손수 쓴 초대장을 받고 참석한 결혼식은 오가 살아온 삶을 함축한 듯 사랑과 아름다움이 기득했어요. 집들이에서는 오의 아내 별님이 정성스레 준비한 저녁 식사와 함께, 별님이 작사한 노랫말을 재료 삼아 즉흥적으로 기타를 치며 노래를 만들었던 순간이 마음 깊이 남아 있어요. 너무 즐거웠거든요!

삶을 사람과 사랑으로 살아가는 오의 모습을 보며 많은 것을 배웠어요. 제가 생각했던 가치들이 옳다는 것을 몸소 보여주어서 고마울 뿐이에요.

박현범

차세대 채용 플랫폼 팀빌더 기획자·공동 설립자

브랜티스트, 그리고 오와 처음 알게 된 계기와 관계의 시작을 떠올려 봤어요. 친구가 저를 떠올리게 하는 어떤 회사가 있으니, 언젠가 꼭 만나보라고 권유했죠. 그렇게 브랜티스트를 처음 알게 됐어요. 처음엔 서로에 대해 잘 몰라서 그런지, 왠지 잘 어울릴 것 같다는 말에 그냥 그러려니 했었어요.

이후 '세탁업의 현대화'를 이루고자 했던 '주식회사 청세(청춘세탁)'에 합류하면서 브랜딩에 대한 고민이 깊어졌던 시기가 있었어요. 이때 브랜티스트가 다시 떠올랐어요. 표면적으로는 단순한 브랜딩 에이전시지만, 진심으로 우리의 비즈니스, 철학, 팀, 앞으로 그리는 전략과 미래에 대한 궁금증이 가득했고, 마치 오랫동안 함께 일해온 동료 같다는 느낌이 들었어요. "아, 이 사람들은 '진심'으로 우리를 대하고 우리가 잘되길 바라는구나."라는 생각이 자연스럽게 들었어요. 그렇게 첫 협업을 통해 브랜티스트에 대해 더 잘 알게 되었고, 그 뒤로 늘 반가운 이름이자 좋은 친구 같은 관계가 되었어요.

그 뒤로 종종 서로 안부를 묻고 브랜티스트의 프로젝트를 응원하는 관계가 되었어요. 자연스럽게 '브랜티스트'와의 관계에서 '오'와의 관계로까지 확장되었어요. 일에 관한 이야기보다 삶의 태도, 사랑, 우정, 인생의 의미에 관한 이야기로 발전했어요. 어느새 돌아보니 서로 많은 것을 나누는 관계가 되어 있었죠. 저는 시간의 총량보다 농도가 관계의 깊이를 결정한다고 믿는 사람인데, 이 관계가 그런 농도 깊고 진정성 있는 관계인 것 같아요. **늘 '진심'을 중요하게 생각하고, '진심'을 그대로 전하려고 노력하는 사람들이기 그런 것 같아요.**

브랜티스트, 오와의 관계를 생각하면 '진심'이 떠올라요. 브랜드에 진심을 가득 담고, 오늘의 일과 고민에 진심을 담고, 주변 사람들과의 관계에 진심을 다 하는 모습이 자연스럽게 떠오르게 돼요.

김병욱

폴센트 대표 | 쌀 팔다 개발자

작은 스타트업에서 브랜딩을 시작한다는 결정은 쉬운 일이 아니다. 당장 먹고살기도 힘든 상황에서 브랜딩이라니! 브랜딩의 중요성을 모르고 있다고 하면 더욱 멀어지게 된다.

브랜티스트와의 만남은 우연히 이루어졌다. 쌀가게를 운영하며 프랜차이즈를 꿈꾸기 시작했고, '우리만의 브랜드가 필요하지 않을까?'하는 생각이 들었다. 그렇게 가벼운 마음으로 브랜티스트와 첫 미팅을 가졌다. 브랜딩에 대해 우리는 단순히 로고, 패키지 디자인, 웹사이트 제작 등을 해주는 것으로 생각했다. 하지만 브랜티스트와의 작업은 우리의 기대와 전혀 다른 방향으로 흘러갔다.

사실대로 말하자면 미팅이 그렇게 편하진 않았다. '미팅'이라고 표현했지만, 사실상 나의 바닥을 들여다보는 자리였다. '왜 시작

하게 되었나요?', '왜 그렇게 하셨나요?', '어디서부터 그런 생각이 시작되었나요?'와 같은 질문이 끊임없이 이어졌다. 무엇보다 생존이 우선이었던 우리에게 하나같이 대답하기 힘든 질문이었다. 하지만 브랜티스트의 질문을 따라갈수록 사업을 하는 본질적인 목적을 발견해 나갔다. 때로는 더 깊게 파고들기도 하고, 때론 한 발짝 물러나서 이야기를 풀어나갔다. **그 과정은 우리 브랜드를 만드는 과정이었을 뿐만 아니라, 나라는 사람과 우리의 사업 이유를 찾아가는 과정이기도 했다.** 생각보다 더 긴 시간이 걸렸고, 생각보다 더 많이 고민해야 했으며, 생각보다 훨씬 어려웠다. 하지만 그렇게 나온 결과물들은 우리의 모습을 닮아 있었고, 우리보다 우리를 더 잘 표현해 주었다.

나는 브랜티스트가 단순히 브랜딩을 하는 회사라고만 생각하지 않았다. 그 이유를 생각해 보니, 나는 브랜티스트에서 브랜딩만을 하지 않았다. 그것보다 더 중요한 깨달음은, 사업하며 뒤로 밀려났던 우리 삶의 본질과 현재 사업하는 이유에 대한 것들이었다. **브랜티스트를 통해 내 삶을 브랜딩한 것이 아닐까 싶다.** 덕분에 내 삶은 아직도 따뜻한 향기를 풍기고 있다.

김하나

뮤지션 모노플로 리더

2018년의 어느 날, 경북대학교 근처 브랜티스트 사무실에서 첫 미팅이 있었다. 오밀조밀하게 붙은 책상들과 서로의 자리를 구분하는 파티션도 없는 개방된 공간은, 마치 브랜티스트가 하나로 긴밀하게 똘똘 뭉친 것처럼 보였다. 회의가 시작되면서, 그들의 외모만큼이나 생각과 말투에서도 개성이 강하고 다양한 사람들이라고 생각했다. 그래서인지 섬세하고 자유로운 아이디어들이 빠르게 모였다. 나의 추상적인 생각에도 깊은 의미를 부여하며 대화를 이어가는 그들을 보며, 단순히 예술에만 국한되지 않고 모든 것에 편견이 없는 사람들임을 알게 되었다.

Tim Jung

포렌코즈 CMO

함께 작업하면서 느꼈던 핵심 단어는 '깊음'이라고 생각됩니다. 브랜딩을 단순한 시각적 장식을 넘어, 깊이 있는 본질과 내적인 요소를 살려내어 우리의 가치와 잠재력을 발견하게 해줍니다. 이 프로세스를 통해 기존에 알던 우리의 가치에 대해 새롭게 인식하게 되었고, 진실을 마주하며 앞으로 나아갈 방향과 고객과의 상호작용 방식에 대한 명확한 이해를 얻게 되었습니다. 처음에는 조금 어색할 수 있는 이 방식이, 결국 브랜드의 명확한 정의와 가치 표현에 큰 도움이 되었습니다.

브랜티스트는 브랜드의 이미지와 목표 고객층 간의 조화를 중요하게 여기며, 이를 통해 브랜드가 강력하게 소통하고 고객에게 더욱 인상 깊게 다가갈 수 있도록 도움을 줍니다. 이 방법을 통해 고객들의 심리적 요구와 기대에 부응하고, 긍정적인 호응을 끌어냅니다. 브랜티스트는 고객과 긴밀하게 협력하여 브랜드의 지속적인 성장을 가능하게 합니다. 변화하는 시장 조건에 유연하게 대응하기 위한 전략을 함께 세우며, 고객들의 심리를 깊이 파악하고, 브랜드를 효과적으로 관리하여 브랜드의 성공을 더욱 견고하게 만듭니다.

최한나

타지키스탄 한국대사관 전문관

우리가 처음 만난 그날을 잊을 수가 없다. 나는 그때 유네스코 국제 청소년 캠프를 담당하고 있었다. 코로나 시국에 해외 청소년들을 초청해 한국에서 행사를 진행한다는 것은 지금 생각해도 사실상 불가능한 일이었다. 하지만 어찌 되었건, 오프라인이든 온라인이든 캠프를 밝고 새미있게 진행하고 싶었다. 조용한 회사 공간에서 줌을 켜고 처음으로 '대표'라고 소개한 젊은 남자, 오를 만났다. 그의 젊은 나이와 직책을 뛰어넘는 모습이 나에게 신선한 충격이었다.

특히 내 직책이 전문관이었음에도 오는 나의 이름을 직접 부르며 친근하게 다가왔다. 처음엔 놀라웠지만, 내 이름을 불러주는 것이 오히려 기분이 좋았다. 브랜티스트의 모든 구성원은 서로를 이름이나 닉네임으로 부른다. 김춘수 시인의 "내가 그의 이름을 불러 주었을 때 그는 나에게로 와서 꽃이 되었다"라는 구절처럼, **브랜티스트의 가장 중요한 비전과 가치관은 사람이든 사물이든, 프로젝트든 일이든 그 본질을 보는 것이다.** 그래서 일이 아무리 힘들어도 브랜티스트 구성원들은 진심으로 일을 즐기고, 진정성을 가지고 임한다.

그 이후로 우리는 업무상의 관계를 넘어 친구가 되었다. 일하다 좋은 사람을 만나 친구가 되고, 그 우정이 쌓여서 기존의 친구들보다 더 가까워질 때, 일의 보람을 느낀다. 나에게 오와 브랜티스트 구성원들은 바로 그런 사람들이다. 브랜티스트는 일도 잘하고 사람들도 좋다. 그래서 나 또한 지금까지도 여러모로 교류하고 있다. 자신 있게 말할 수 있다. "브랜티스트랑 함께 일을 해 보시라."고. 분명 아주 재미있고 창의적이고 즐거울 것이다.

김동진
브랜드 디자이너

브랜티스트를 생각하면 제일 먼저 떠오르는 것은 그들의 공간입니다. 직접 리모델링한 공간을 소개하는 모습에서 팀원들의 애착을 느낄 수 있었습니다. 인상 깊었던 것은 작업 공간 한쪽에 걸려 있던 그림입니다. 팀원 모두가 함께 그린 작품으로, 그 그림을 보며 이 회사가 지향하는 것이 회사와 그 안에 있는 사람들과의 관계

에서 비롯된다고 많이 생각했습니다.

이러한 생각들은 일을 대하는 태도에서도 특별한 모습으로 다가왔습니다. 함께 진행하는 프로젝트에서 진심으로 하나의 팀으로 속해 해결해 나가는 모습들은 그동안 보아왔던 것과는 조금 다르게 느껴졌습니다. 프로젝트를 진행하면서 회사의 일원이 된 듯 함께 만들어가려는 모습이 나의 선입견을 깨트리는 계기가 되었습니다. 일하면서 누군가를 진심으로 신뢰하는 것은 쉽지 않은 일입니다. 하지만 서로를 믿었을 때, 그 결과가 충분한 답이 된다는 것을 브랜티스트가 생각하는 관계를 통해 다시 한번 알게 되었고, 그것은 좋은 경험이었습니다.

정루이

디프네 대표 | 사람마음학습자

브랜딩은 '사람들이 인생을 살아가는 방향성을 미리 고민하는 것'이라 생각해요. 삶에 대한 태도를 어떻게 나, 자신의 본질과 일치시켜 나갈지를 미리 계획을 세워보는 것이죠. 브랜딩은 산과 바다가 그 고유함 자체로 웅장함과 아름다움을 주는 것처럼, 사람의 마음 깊은 곳에 있는 날것을 찾는 것이 브랜딩의 시작일 수 있다는 것을 브랜티스트와의 프로젝트에서 생생하게 배웠어요.

문구화되고 시각화된 결과물을 성급하게 확인하고 싶었던 저를 두고 브랜티스트는 프로젝트 시작부터 저에게 집중하며 천천히 질문해 나갔어요. '왜 이런 생각을 하게 되었는지를.' 그걸 알지 못하면 브랜딩을 할 수 없는 사람들처럼 말이에요. 1년이라는 시간 동안 수많은 토론을 통해 결과물을 만들어 가면서, 한 획, 한 장면, 하나하나 의미와 이유를 배치하고, 조율하는 과정에서 단 한 가지의 의미와 이유도 포기하지 않는 모습을 지켜봤어요. **본질에 집중하는 태도가 없이는 완성할 수 없는 브랜딩을 끌어내는 브랜티스트와 앞으로의 여정에도 함께하고 싶어요.** 브랜티스트를 알려주고 싶지 않을 만큼이에요.

은종&윤딴딴

코코넛뮤직 대표 | 싱어송라이터

음반 패키지 디자인을 의뢰하기 위해 찾아간 하얀 사무실의 천장은 날아다닐 수 있을 정도로 높았다. 그때부터 지금까지, 그들과의 시작은 항상 따뜻한 차 한잔과 함께 시작된다. 일하며 알게 된 사람 중 가장 진실한 미소를 지닌 오, 전부를 말하지 않아도 꼭 마음속에 들어와 있는 것처럼 영감을 끌어내 주는 얄, 함께하는 관계 속 모든 연결고리가 되어주는 능력이 있는 조이, 브랜티스트 안에서 만났던 듬직하고 재밌었던 AMALE, 한없이 가녀리지만 일할 때만큼은 마치 뜨개질처럼 짜임새가 있고 포근한 카리스마를 가진 MINE, 그리고 말로 표현하지 못했지만, 누구보다 아끼고 마음이 가는 LAMLAM과 DAISY. 코코넛뮤직과 함께하는 이들은 강하고도 아름다운 공동체이다. 그것도 세상의 수많은 색 중에서 가장 아름답고 매력적인 색만 골라 펼쳐놓은 팔레트 같은.

브랜드와 비즈니스. 모든 것은 결국 '사람'이 한다. 브랜티스트는 처음부터 사람에 대한 이해도가 남달랐고, 사람에게 집중했기 때문에 클라이언트에게 늘 꼭 맞는 결과물을 만들 수 있었던 게 아닐까. 브랜티스트라는 브랜드가 가진 이 특별한 차별점에 대해 꼭 말하고 싶다. 그들이 만들어온 이 '느리게 쌓아 올린 견고한 성'은 결코 쉽게 무너지지 않을 것이다. 오히려 시간이 지날수록 그 아름다움은 무르익고, 또 무르익을 것이다.

최연희

깐깐한여니씨 대표

브랜티스트는 내 마음속에 있던 '무엇'들을 현실로 탁 펼쳐내 주었다. 내가 갖고 싶었지만 내 능력으로는 이루기 어려웠던 그들의 빛나는 재치와 섬세한 표현력에 감탄하고 박수를 보낸다. 나 역시 재기발랄한 브랜티스트와의 협업이 귀중한 경험이 되었다. 브랜티스트의 이야기에 깐깐한여니씨가 특별한 인연으로 등장한다니 매우 기쁘다.

최원혜

리스타트 LAB 대표 | 경영 컨설턴트

브랜딩, 나와는 상관없고 전혀 다른 세계의 것이라 여겼다. 아마 '나는 누구인가'라는 질문을 자신에게 던져보지 않았기 때문인 것 같다. 내 삶은 이 질문을 할 틈도 없이 계속해서 변화하고 성장해 왔다. 첫 번째 직업에서는 브랜딩이 들어설 여지조차 없어 보였다. 단순한 비즈니스 카드 한 장으로 나의 모든 것이 표현되었으니까.

그런데 두 번째 직업을 갖게 되면서 브랜티스트를 만날 수 있는 행운을 얻었다. 그들과의 만남으로 껍데기 이면의 옹골찬, 그리고 포장되지 않은 내 모습을 볼 수 있었다. 아무것도 없는 듯하면서도 가득 찬 것 같은…. **비워야 하고 채워야 하는 브랜딩 과정에서 나는 '새로운 나'와의 만남을 경험했다.**

이제 인생의 두 번째 막을 자신 있게 시작할 수 있게 되었고, 이를 꾸준히 이어나갈 수 있는 힘은 브랜티스트와의 만남에서 시작된 퍼스널 브랜딩 덕분이다. 브랜딩은 새로운 차원의 삶을 선물한다. 많은 사람이 이 선물을 받아 즐길 수 있으면 좋겠다.

윤희숙

USOM YOGA 원장 | 수카요가 안내자

처음 만났을 때, 그들의 첫인상은 겉과 속이 다르게 다가왔어요. 겉모습에서 느껴지는 분위기는 '홍대 느낌 물씬 나는 힙한 청년들이 개방된 공간에서 끈끈하게 어울리는 모임'과 같았어요. 하지만 일에 임하는 태도, 대화 속에서 느껴지는 말투와 눈빛을 통해 '성실하게 자기 일에 집중하고 있구나, 관계 안에서 진중함과 책임감이 있구나!'란 느낌을 받았어요.

처음에는 로고 디자인을 의뢰했지만, 점차 그들과의 관계와 작업이 깊어져 결국 요가원 전체의 브랜딩을 맡기기로 했어요. 소상공인 대출까지 받아 가며 투자해야겠다고 마음을 먹게 되었죠. 그들의 유니크함과 자신감, 책임감이 투자 금액에 반영되어 있다고 느꼈어요. 분명, 저희가 표현하고자 하는 것을 덜어내고 담아내 줄거라는 믿음이 있었기 때문에 투자할 수 있었어요. 쉽지 않은 시간이었지만, 7년간의 운영 시간 동안 그들의 도움 덕분에 꾸준히 덕을 봐왔고, 성장하고 긍정적으로 변화해 왔습니다. 어느새 그 가치가 충분하다고 확신하게 되었어요.

브랜딩 작업이 끝난 후에 오히려 브랜티스트와의 관계가 더욱 돈독해졌습니다. 브랜티스트를 떠올리면 항상 고맙고, 마음이 훈훈해져 옵니다. 앞으로도 이들과의 동행이 기대됩니다. 브랜티스트여, 영원하여라!

톰&애나

코와코 대표

브랜티스트와의 협업이 특별한 이유는 그들의 독특하고 인간적인 매력 때문이에요. 이들은 일상적인 회사들과는 사뭇 다른 개성을 갖고 있어요. 그들의 스타일, 외모, 옷차림은 물론이고, 사무실 인테리어까지 모든 것이 예술적이고 개성 넘칩니다. 이런 자유로운 분위기가 저에게는 매력적으로 다가왔죠. 브랜티스트는 전문성과 창의성뿐만 아니라 인간적인 면모도 갖춘 팀이에요.

브랜티스트와 함께 일하는 것은 단순한 로고 디자인을 넘어서는 경험이었어요. 창의력이 넘치는 회의를 통해 여러 아이디어가 모여 더욱 독특한 결과물을 만들어냈죠. **여러 사람의 생각이 모여 만들어진 결과는 정말 인상적이었어요.** 진정성과 신뢰감도 돋보였습니다. 깊은 질문을 통해 서로를 이해하고, 프로젝트의 본질을 파악하는 접근 방식은 저희에게는 드문 경험이었어요.

코와코 프로젝트를 진행하면서 그들은 단순한 고객과의 관계를 넘어서, 진심으로 저희 사업의 성공을 바라며 도와주었습니다. 이런 점들이 브랜티스트와의 협업을 특별하게 만들었고, 앞으로도 그들과 계속해서 일하고 싶은 마음을 갖게 했죠. 그들의 따뜻함과 전문성은 저에게 큰 영감을 주었습니다.

배민규

제과다움 대표

"오늘, 나는 브랜티스트에게 우리 회사의 이야기를 맡기기로 결심했다."

브랜티스트는 브랜딩을 통해 내면적이고 근본적인 요소를 탐색하고, 동시에 브랜드의 시각적, 감각적 매력을 극대화하는 독특한 아티스트들이다. 이들은 단순한 디자인이나 마케팅 전략을 넘어서, 클라이언트와 기업의 본질을 찾아내고, 그 본질에서 빛나는 이야기와 진정한 가치를 창출하는 예술가들이다.

본질(本質). 이 두 글자가 제과다움의 여정과 브랜티스트의 철학을 완벽하게 대변한다. **근본을 찾고, 담긴 마음을 세상에 전하는 것이 바로 브랜티스트와 함께 펼쳐나갈 이야기의 서막이었다.** 우리의 대화는 차 한 잔을 나누며 시작되었지만, 곧 깊이 있는 대화로 발전했다. 브랜티스트는 '본질'에 대한 단순하면서도 깊은 질문들로 우리의 생각을 자극했다. 그들과의 대화는 마치 오랜 친구와의 대화 같았다. 자연스럽게 우리의 과거, 현재 그리고 미래에 관한 이야기가 흘러나왔다. 추구하는 가치와 목표에 대한 그들의 간단한 질문들은 우리에게 근본적인 사색을 불러일으켰다.

이야기들 속에서 브랜티스트는 '제과다움'만의 독특한 '자기다움'을 찾으려 노력했다. 우리는 우리만의 브랜드성을 온전히 표현하는 방법을 찾는 데 어려움을 겪고 있었다. 하지만 브랜티스트는 마치 북극의 밤하늘처럼 우리의 이야기를 더욱 빛나게 하는 방법을 제시해 주었다. 그 과정에서 나는 **'브랜드'가 단순한 상품이나 서비스를 넘어선 고유한 이야기와 가치를 전달하는 매개체가 될 수 있음을 깨달았다.** 이제 제과다움은 브랜티스트와 손잡고 우리의 이야기를 세상에 전하는 새로운 여정을 시작했다. 그들의 창의성과 전문성에 의지하기에, 앞으로 브랜티스트와 함께 걸어갈 길에 대한 기대가 크다. 우리의 독특한 이야기와 가치가 브랜드를 통해 생생하게 전달되고, 새로운 방향으로 나아가는 큰 발걸음이 되기를 소망한다.

브랜티스트는 각 브랜드의 고유한 이야기를 발굴하여 사람들에게 영감과 감동을 주는 역할을 한다. 각 브랜드의 '자기다움'을 찾아내고, 그것을 세상에 전달함으로써 브랜드를 사랑하는 사람들 사이의 깊은 연결을 만들어낸다고 생각한다. 제과다움은 이러한 브랜티스트를 앞으로도 꾸준히 응원하고 지지할 것이다.

박하영

락앤런 대표 | 장수트레일레이스 디렉터

바야흐로 10년 전, 나의 고등학생 시절이 떠오른다. 당시 학업 스트레스를 풀고자 시작한 네이버 블로그. 브랜티스트는 내 블로그 이웃이었다. 정확히 언제 어떻게 이웃이 되었는지 기억나지 않지만, 오랜 이웃임은 분명하다.

'장수트레일레이스'라는 트레일 러닝 대회는 지역 자원을 활용하여 이제 막 시작한 소규모 비즈니스다. 비즈니스를 더욱 확장하기 위해 어떤 방향으로 나아가야 할지 고민하던 찰나에 브랜티스트가 떠올랐다. 함께 사업을 하는 남편에게 말했다.

"나 진짜 오래된 블로그 이웃이 있는데, 그 사람들이 브랜딩을 해! 우리 거기에 맡겨보는 게 어때?"

언젠가 브랜딩이 필요할 때 꼭 브랜티스트와 함께하고 싶다고 생각했었는데, 그 기회가 찾아온 것이다.

브랜티스트와 여러 차례 미팅을 가졌다. 꼬리에 꼬리를 무는 질문이 이어졌다. 통찰력 있는 대화를 나누며 우리가 추구하는 바와 앞으로 나아가야 할 방향에 대해 깊이 고민할 수 있는 시간이었다. 일련의 과정을 함께하며 이제껏 나눈 대화의 내용을 이미지화하는 과정이 정말 즐거웠고, 매 순간 기대됐다. **브랜티스트와 함께하며 우리가 얻은 것은 비단 '브랜드 결과물'뿐만이 아니다. 상상하고, 사고하고, 관계하는 힘.** 우리는 그 무엇보다 값진 것들을 얻었다고 확신한다.

김혁

외식 경영인

브랜딩이 무엇인지도 모르고 오로지 장사에만 몰두하던 시절이 있었다. 'Who am I?'라는 질문을 시작으로, 브랜딩에 대해 조금씩 이해하기 시작하며 스스로 많은 질문을 던지기 시작했다. 나는 왜 이 일을 하고 있는지, 소비자는 왜 나의 제품과 서비스를 선택해야 하는지, 나의 궁극적인 자아실현은 어떤 모습일지 등을 생각해 보았다. 하지만 브랜딩 문외한인 나에게는 여기저기 흩날리는 안개 같은 생각들을 모아 심플하고 명확한 대중의 언어로 표현하는 것은 거의 불가능한 일처럼 느껴졌다. 이럴 때는 브랜티스트 같은 전문가를 만나야 한다.

내가 경험한 브랜티스트는 외모와 소품에서 뿜어져 나오는 예술가석 기실과 더불어 박월한 경정과 공감 능력을 갖춘 사람들이다. 그들은 사람들을 있는 그대로 이해하는 흔하지 않은 능력을 갖춘 것 같다. 마치 클라이언트에게 빙의된 것처럼 복잡하게 엉킨 생각을 깔끔하고 세련된 언어와 디자인으로 정리해 준다. **나는 그들을 브랜딩 전문가이자 번역가라고 부르고 싶다.**

안창규

사월의숲 대표

DIY 목재 재단하는 일을 하다가 집성목이 아닌 원목으로 내가 만들고 싶은 작품을 만들고 싶어졌다. 나무로 만들 수 있는 다양한 분야가 있지만, 혼자 공방을 운영하며 모든 것을 다 만들고 싶다는 것은 '계획이 없다'는 말과 같다. 취미라면 상관없겠지만 업이었다. 어떤 분야에서 무엇을 만들 것인지가 중요했다.

나무로 만들 수 있는 수많은 제품 중에서 도마를 만들겠다고 다짐한 것은 여러 가지를 고려한 것이었다. 가구 등은 오랜 시간과 정성에 비해 제대로 된 가치를 인정받기가 어려운 것이 사실이다. 단순해 보이지만 좋은 목재와 나만의 디자인과 패키징 등으로 차별화하면 충분히 가능성이 있다고 생각했다. 생각을 체계화하는 그 과정에서 오의 조언이 큰 도움이 되었다.

오는 마치 자기 일처럼 밤늦도록 함께 고민했다. 그 과정에서 나무 옆에 사람이 서 있는 휴(休)자를 닮은 심볼마크와 포장 방법, 판매 후 관리 방법 등 사월도마에 대한 밑그림을 그릴 수 있었다. 그 외에도 공방을 운영하는 자세와 멈추지 않고 끊임없이 창의적인 혁신과 발전을 위해 노력해야 한다는 것을 배웠다. 그때 거친 생각을 정리했기에 지금도 사월도마라는 이름으로 일상용품을 만들 수 있다고 생각한다.

이름도 없는 수제도마를 만들다가 TV드라마에 나오면서 점차 알려져 브랜드를 지닌 사월도마를 만들 수 있었다. 작년에는 우리의 삶이 아무리 힘겨워도 돌고 돌아 다시 봄이 올 것이라는 생각으로

<돌아봄>이라는 타이틀로 전시하였고 올해도 <나무의 숨결> 전을 성황리에 열었다. 오와의 강의와 대화를 통해 깨달은 바를 실천하다 보니 여기까지 온 것이 아닐까 싶다. 가끔씩 서로 안부를 주고받지만, 괜찮다. SNS에서 자주 그의 행보를 보며, 여전히 그와 처음 만났던 강의장에서처럼 배우고 있으니까.

씽커벨 Thinker Bell
작은 존재가 큰 변화를 일으키는 방법, 브랜딩

초판 1쇄 인쇄 2024년 5월 31일
초판 1쇄 발행 2024년 6월 12일

지은이 권오형 김인철 이수경
펴낸이 이준경
책임 편집 김현비
펴낸곳 지콜론북

출판등록 2011년 1월 6일 제406-2011-000003호
주소 경기도 파주시 문발로 242 3층
전화 031-955-4955
팩스 031-955-4959

홈페이지 www.gcolon.co.kr
트위터 @g_colon
페이스북 /gcolonbook
인스타그램 @g_colonbook

ISBN 979-11-91059-55-7 (03320)
값 19,000원